「コンテンツ」(ネタ)

雑談2.0 ネタマトリクス

「脳内会話」で判明した、4つの「おもしろい!」雑談ネタ

っきり!ネタ
はあるのだが、曖昧だったことを、整理し
れるネタ。ぼんやりしていたことがまとま
「すっきり!」を感じる

なるほど!ネタ
興味関心を向けていたことを、さらに深めてくれるネタ。持っていた知識がパワーアップされ、「なるほど!」と言いたくなる

ぇ〜!ネタ
ったく意識していなかった、新しい世界を見
てくれるネタ。「知的好奇心」が刺激され、
ぇ〜!」と興奮してしまう

ギャップ!ネタ
当たり前、常識だと思っていた知識とは、「真逆」のネタ。「思っていたこと」がくつがえされ、驚きの「ギャップ!」を感じる

すっきり!ネタ」のつくり方

曖昧になっている情報を抽象化する
(相手を抽象化=相手固め)

抽象化(言語化)
↑
情報 情報 情報 情報 情報

「なるほど!ネタ」のつくり方

本で得られた知識に、
「自分テイスト」を付加する

本(マンガ・雑誌) + 自分テイスト ☆体験 ☆視点 ☆知識

へぇ〜!ネタ」のつくり方

趣味や職業のマニアックな話を
相手に合わせて一般化する

マニアックな話(趣味 職業) —一般化→ 相手の関心事

「ギャップ!ネタ」のつくり方

通常の順番の「逆」を提案する

Ⓐ→Ⓑ 常識(慣習、当たり前) ➡ Ⓑ→Ⓐ 逆の提案

5:「ブランディング」(キャラ)

雑談2.0 キャラマトリクス

「ネタマトリクス」に合わせた、4つの「キャラ」

ティーチャー
わかりにくいことを
易しく整理して
説明する
資質 **抽象説明力**
☆人に何かを教えることが好きな人
☆一言で物事を語る
「言語化」に長けた人

コンサルタント
相手が望んでいる
ドンピシャの
情報を提供する
資質 **課題解決力**
☆物事を前に進めるのが好きな人
☆みんなの役に立ちたい人

アーティスト
誰も意識して
いなかった
新しい世界を見せる
資質 **独創探究心**
☆自分の興味・関心を深掘りする人
☆周囲の人と自分を比べない人

イノベーター
誰もが疑いを
抱いていない
常識をひっくり返す
資質 **常識突破力**
☆悪しき常識、慣習を嫌う人
☆周囲をアッと
言わせるのが好きな人

おもしろいと思ったら雑談ネタにする

収集 ☆「おもしろい!」と思った瞬間や「気づき」を記憶(記録)しておく
▼
加工 ☆ネタマトリクスでおもしろさを分析
☆雑談の「5秒ルール」(ツカミとナカミに分離)
▼
発信 ☆Pモードに向かって話す
☆「モヤモヤ→スッキリ」ルール(相手の脳内に「?」をつくる話し方)

雑談のハイブリッド化

オンラインネタ帳	ハイブリッド雑談
=覚えておきたいことが起きたら、SNSにメモする	=先に、雑談ネタをSNSにあげておき、リアルで雑談

キャラ決め

コミュニティ別に「キャラ」を決める

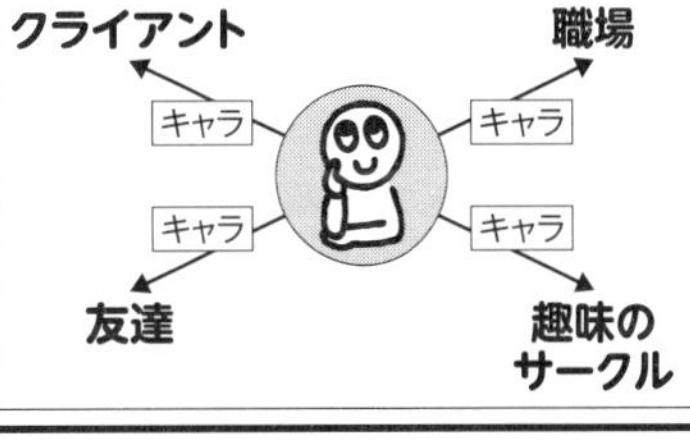

雑談のハッピーサイクル

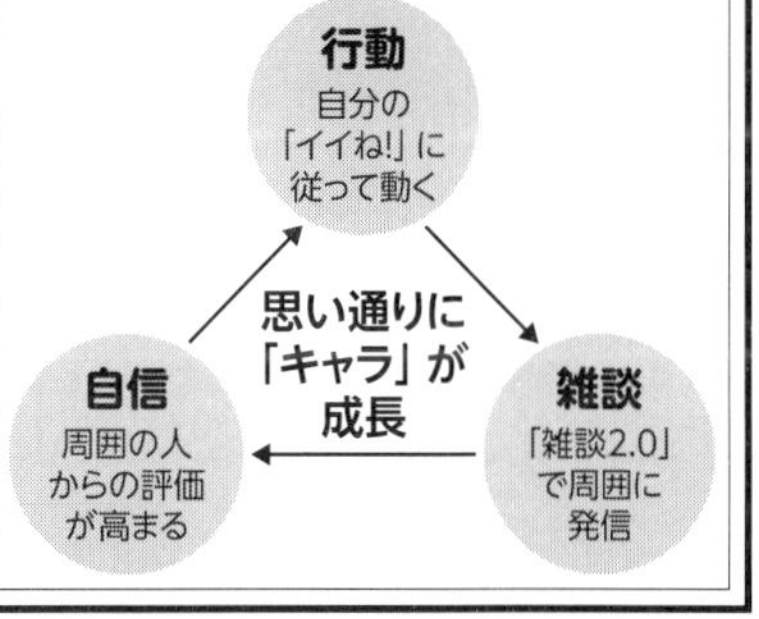

読まなくても全部わかるこの本のまとめ（保存版）

1:「マインド」

雑談1.0「潤滑油」
☆沈黙を回避する
☆場の雰囲気を保つ

雑談2.0「武器」
☆「有能」な印象を残す
☆また会いたいと思わせる

自分ゴトと他人ゴト

自分ゴト	他人ゴト
☆自分の話 ☆自分に役立つ話 ☆自分がおもしろいと感じる話	☆他人の話 ☆役に立たない話 ☆おもしろさが伝わらない話

気配りジャンケン

「『人にされて嬉しいこと』をしようとしている人がされたら嬉しいこと」をする
☆「おみやげをねだる」
☆「教えてください」
☆「やっと逢えたね」
☆「夢に相手登場」
☆「千社札」

会話の導火線

「話題価値」の高いモノ・コトを選び「会話のきっかけ」を用意しておく
☆名刺にひと工夫
☆最新スマートフォン
☆話題のダイエット
☆クライアントの近隣でランチ

2:「タイミング」

Pモード
Passive モード

☆あらゆる情報に対して受動的
☆視野を広く持ち、幅広い情報を受信している
☆リラックスし、脳が休息している状態

Aモード
Active モード

☆特定の情報に対して能動的
☆興味・関心のある情報を積極的に取得・発信している
☆集中し、脳が活性化している状態

①話すならPモード
「Aモード」の相手に話しかけるとロクなことにならない

②戦略的無知
相手が「Aモード」で話してきたら、無知なふりをして聞き役に

③雑談は午後か食後
「Pモード」になりやすい時間帯を狙う

モードシフト

①アイスブレイク
緊張感が漂うプレゼンの冒頭などに、本筋とは関係のない話をする

②〇〇さんにお聞きしたいのですが
横やりを入れてきそうな人をあらかじめ名指しにして、質問をするふりをする

③甘いもの
「甘いもの」を食べてもらうことでリラックスしてもらう

モード判別

（接近OK信号）
モードは、その人の動作や表情に現れる

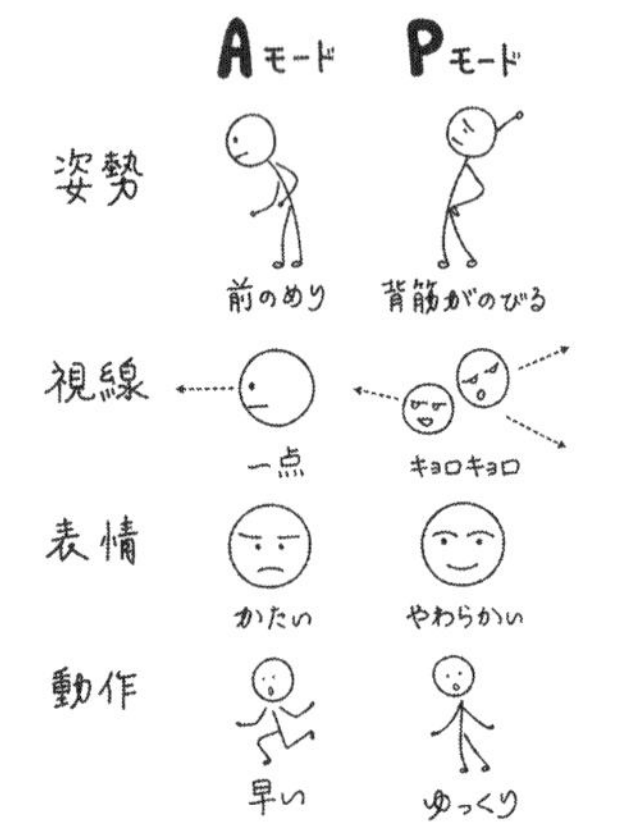

「モヤモヤ→スッキリ」ルール

①Quizを投げかけ「モヤモヤ」させる
↓
②Answerを与えて「スッキリ」させる

雑談の5秒ルール

ツカミ（＝フック）	ナカミ（＝詳細）
〈5秒以内〉	

①話題を集約したフック（ツカミ）となる言葉を投げる（5秒以内）

②引っかかった（反応が良かった）場合のみ、その話題の詳細（ナカミ）を続ける

仲良くなるツボ

①ちょいタメ口	ちょいちょい「タメ口」を入れて、親しみを感じていることを示す
②不幸の開示	「不幸、苦労、失敗談」を開示して、相手のプライベート情報を得る
③現在進行ネタ	情報が常に更新されて相手と会う度に話せるネタを探す

3:「テク

100%
どう考えても不確
を「100%」&「断

ナンバ
相手を褒める時はも
ろん、どんなことで
「ナンバーワン」にし
伝える

〇〇
普段から、自分だけの
「持説」をためておき
それについてどう思
か尋ねる

1つだ
スピーチ、プレゼン、雑談は、相手の心に何かを「1つだけ」残すゲームと考える

どんな人とも
会話が弾む
「おもしろい話」
のつくり方

武器になる雑談力

マーケティングプランナー
本間立平

きずな出版

イントロダクション

ある日の会話

恐怖の瞬間は、ある日、突然おとずれます。

とあるプロモーションビデオの撮影をしていたときのことです。撮影スタジオの休憩テーブルで、営業マンとスタッフ数名でクライアントを囲んでいました。クライアントは最近宣伝部に着任されたばかり。お互いの自己紹介も兼ねて、最近担当した業務のことなどを話していました。

そんなとき、営業マンのスマートフォンに着信がありました。営業はクライアントに断りを入れて席を外します。すると、なぜかそれを皮切りに、スタッフがひとり、またひとりと、次々に席を立っていきました。

最終的に、お茶菓子が置かれたテーブルを前に「クライアントと私の2人きり」という状況になってしまいました。

「…………」
「…………」

一瞬、私もなにか理由をつけて、この場から逃げてしまおうとも考えました。しかし、クライアントをひとりぼっちにさせてしまうのも考えものです。
そこで私は、こんなときのために用意していた質問をしてみました。

「〇〇さん、立ち入ったことをお聞きしますが、

カレーとラーメンのどちらがお好きですか？」

クライアントに会うのはまだ二度目です。何の脈絡もなく、突然「食べ物の好み」を聞く。ちょっと「非常識」かもしれません。

しかし、クライアントは、私の突飛《とっぴ》な質問に、一瞬きょとんとした表情をしたあと、声をあげて笑いました。そして意気揚々と話し始めました。

「カレーとラーメンですか！　難しい質問ですね。よく食べるのはカレーです。飽きもせず、3日に1度は食べていますよ。でもラーメンも好きだなぁ……悩みますね」

「私もです！　どちらか選べというほうが無理な話ですよね。じつはこの質問、いろいろな方にしているのですが、即答できる人は稀《まれ》です。さすが『日本の二大国民食』と言われるだけありますね。

ただ、本当に人気があるのはどちらなのか気になってしまいまして、インターネットで定量調査にかけてみたんです。カレーとラーメンの二択で１００名に聞いてみました。どうなったと思いますか？」

「調査したんですか!? すごいですね。そうですねぇ、街のラーメン屋さんの数とか、カップラーメンの種類の多さを見るに、『7：3』くらいでラーメンの勝ちじゃないですか？」

「それが、フタを開けてみたらキッチリ『50対50』だったんです。驚きました。同様に、同じく日本の国民食の、『うどん』と『そば』でも、同じように聞いてみました。どうなったと思いますか？」

「それは東西で地域差が出そうですね。そばかなぁ？」

「おっしゃる通り、地域差がかなり出ました。案の定、関東はそば、関西はうどんが優勢だったんです。ただ総数で見ると……なんとそちらも、『50対50』の同数だったんです。鳥肌が立ちました」

「割れましたね！　それにしても調査ってそんなに気軽にできるんですか？」

「セルフリサーチといいまして、簡単に調査ができるオンラインサービスがあるんです。回答もすぐに集まります。いま調査会社のキャンペーン中で、１００名までなら無料で調べられるんですが、よかったら何か聞いてみましょうか？」

「えっ？　ぜひやりましょう！　いやぁ、おもしろいですね！」

はじめに

「雑談」は武器にできる

みなさんは「雑談」が得意ですか？

あまり会話をしたことがない同僚、上司、取引先の人、友達の友達……私たちの周りは、**「知ってるけど、親しくない人」**であふれています。

そんな人たちと、意図せずして「2人きり」になってしまう……そんな場面に遭遇すれば、だれもがこう思うでしょう。


「なにか、気のきいた（雑談）でもしなければ！」

実際、日本人はどれだけ雑談に自信があるのか、調査してみました。どうやら半分以上の人は、雑談に苦手意識を抱いているようです。

雑談の達人たちにはワザがある

「武器になる雑談力」などと、強気なタイトルをつけるくらいですから、著者はさぞかし「話し上手」なのかと思われたかもしれません。申し訳ございません。じつは私も、みなさんと同様に「雑談」を課題に感じている一人です。そんな私が、なぜこのような本を書くことになったのか説明させてください。

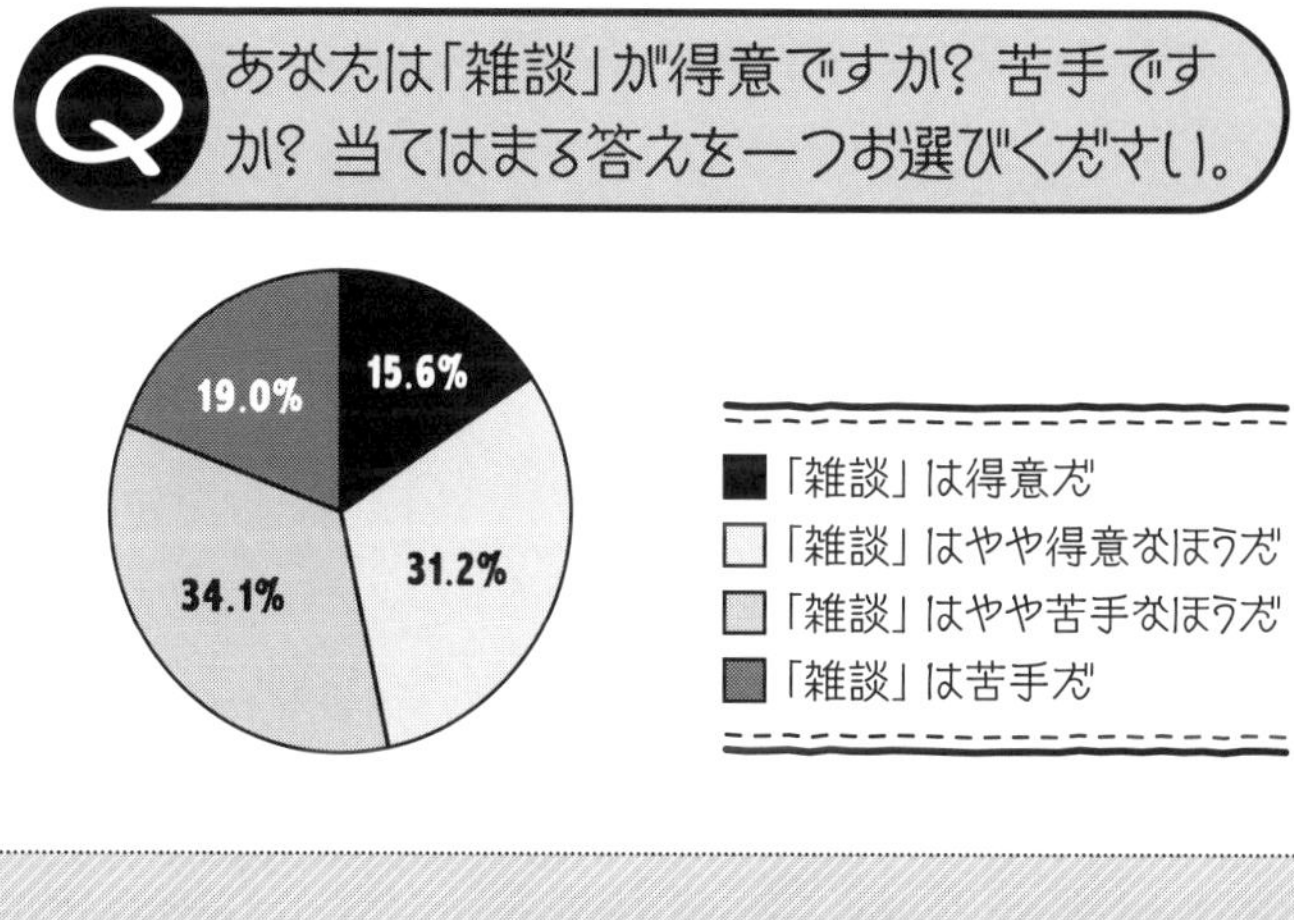

出典 20〜60代男女 384名
（2019年インターネット調査：著者調べ）

私は「ショッパーマーケティング」という、ちょっと変わった仕事をしています。

ひとことで説明すれば**「買物客を観察する仕事」**です。

「買物客は、どんなメッセージに興味を示すのか？」

「どんな接客なら『買いたい気持ち』になるのか？」

これを**「観察」**し、心理学や行動経済学で裏付けをとり、だれでも売上をあげられる方法＝**「買わせるメソッド」**にまとめ、企業に提案しています。


クライアントは多岐に渡ります。自動車、住宅、アパレル、食品、化粧品、家電量販、コンビニ、スーパー、外食チェーン……担当したことがないカテゴリーを数えたほうが早いかもしれません。

また、関わるスタッフの数も膨大です。営業、プランナー、クリエイティブディレクター、デザイナー、コピーライター、プログラマー、演出家、カメラマン……じつに多彩な人と仕事をしています。

それだけ多くの人に接していると、雑談に苦手意識がある人とは、真逆の人々＝**「雑談の達人」**によく出会います。

彼らは、初対面であろうが、クライアントであろうが、臆することはありません。彼らの辞書に「沈黙」という文字はありません。会話が途切れそうなときは「気のきいた一言」を投げかけ、会話を盛り上げ、場を明るい空気で満たします。

いったい、どうしたらそんなに軽妙に雑談ができるのでしょう。

「なぜ、その話し方が人を惹きつけるのか？」
「なぜ、彼らの話はおもしろいのか？」

私は、その理由を、「買わせるメソッド」と同様に、心理学や脳科学など、あらゆる観点から分析しました。

その結果、雑談の達人たちの会話に、**ある一定の法則**が見えてきました。

そして、その法則を自分の会話に応用してみたのです。すると、あれほど恐れていた沈黙が気にならなくなり、雑談を楽しめるようになったのです。

私はこの法則を、ベタではありますが、**「話せるメソッド」**と名づけました。

冒頭の「カレーとラーメンの会話」はいかがでしたか？

われながら、なかなか上手い雑談ができたと思っています。なぜなら……

◉**「意外な質問」**で興味を惹いた。

◉クライアントに**「お役立ち情報」**を提供した。

◉自分の**「キャラ」**を印象づけた。（好奇心旺盛なマーケターキャラ）」

このようにほんの数分の会話から、いくつもの成果を得ることができたからです。

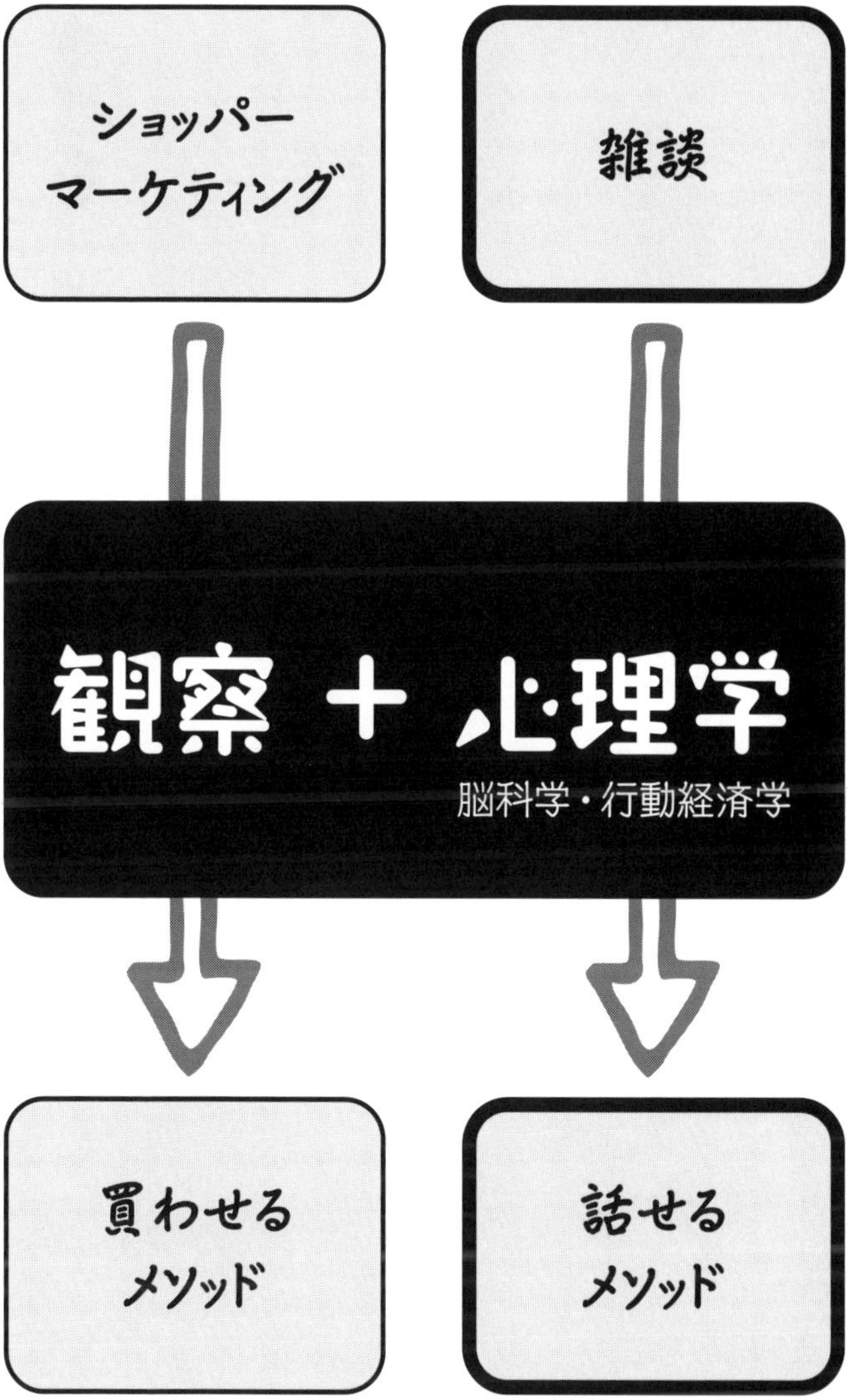
ショッパーマーケティング
雑談
観察 ＋ 心理学
脳科学・行動経済学
買わせるメソッド
話せるメソッド

雑談を「潤滑油」から「武器」へ

この本では、雑談の達人たちから学びとった**「話せるメソッド」**を余すところなくシェアします。

しかし、よくある「雑談のマニュアル本」とは、内容がかなり異なっています。なぜなら、本書はその「目的」からして、既存の雑談本と違っているからです。

従来の雑談は「間を埋めるための会話」でした。

今日の天気、いまやっている仕事、職場の場所……「無難」かつ「常識的」な話題で気まずい沈黙を避け、場をつなぐ。

雑談は人間関係の「潤滑油」の役割を果たしてきました。

しかし、雑談の達人たちは、次のステージにいます。

従来の雑談を「雑談1・0」とするなら、**「雑談2・0」**へ進化を遂げているのです。

雑談の目的

雑談1.0

潤滑油

☆沈黙を避ける
☆場の雰囲気を保つ

↓

雑談2.0

武器

☆有能な印象を残す
☆また会いたいと思わせる

彼らは雑談を通じ、自分の「長所」を相手に印象づけ、関係をより強固にしていきます。

その雑談は次のような特徴があります。

◉話しかける最初の一言からして、おもしろい
◉会話のキャッチボールが、心地よい
◉だれも思いつかないような、新しい発見がある

そして会話のあとには、**「おもしろい人だな。また話をしたいな」**と、相手に思わせる魅力であふれています。

彼らは、雑談を、より深い関係を築くための「武器」にしているのです。

この本で紹介するのは、そんな**「武器になる雑談」**です。

だれでも難なく実践できるよう、まずは、雑談の「心構え」からお伝えします、続いて、タイミング、テクニック、ネタの集め方、最後は、周囲から高い評価を獲得する方法まで、ステップを踏みながらご説明します。

具体的には、次のような構成になっています。

第1章◉雑談の達人たちが大切にしている、
雑談の**「マインド」**

第2章◉「空気」を読んで相手を惹きつける、
雑談の**「タイミング」**

第3章◉「最初の5秒」で興味を持たせる、
雑談の**「テクニック」**

第4章◉「おもしろい！」と思ってもらえる、
雑談の**「コンテンツ」（ネタ）**

第5章◉雑談で自分の評価を高める、
雑談の**「ブランディング」（キャラ）**

では早速、雑談の修行に出かけましょう。

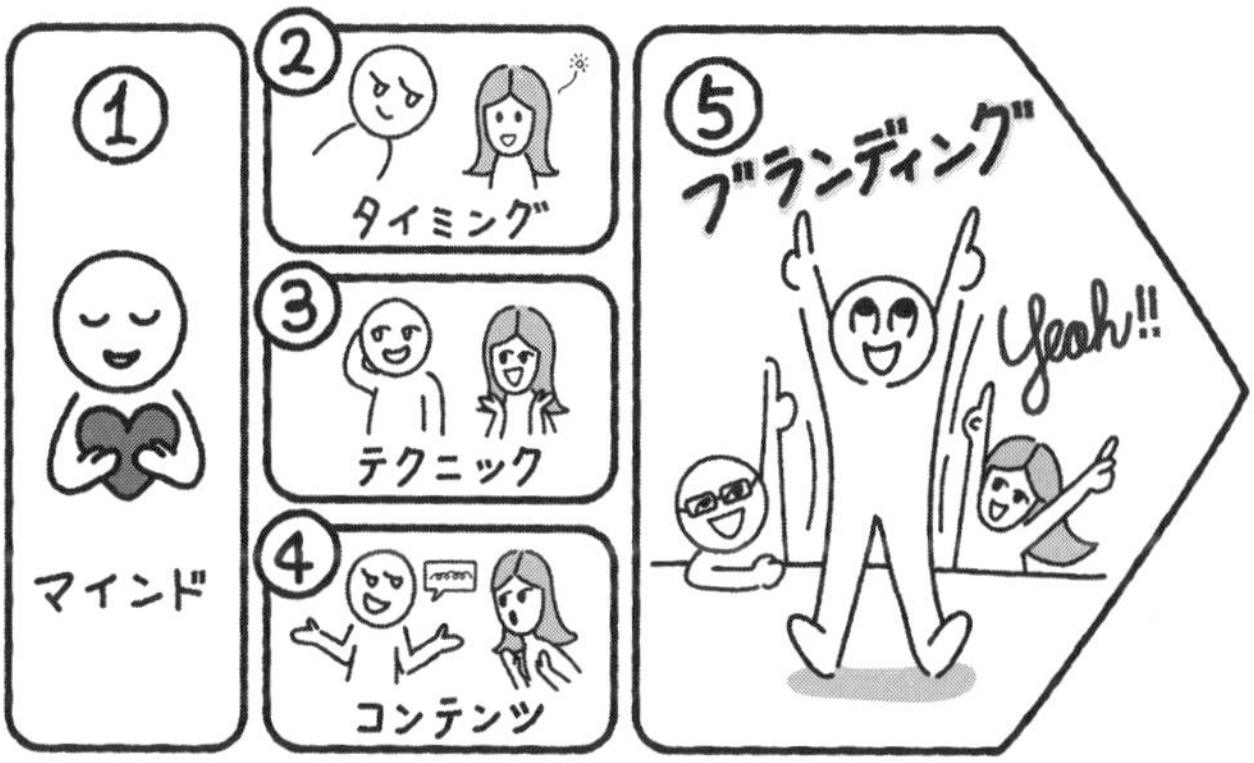

もくじ

第1章

雑談の「マインド」
～結局、気配りできる人がうまくいく

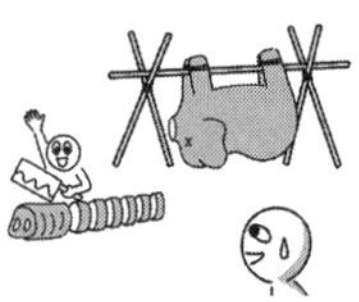

第2章

雑談の「タイミング」
〜結局、空気の読める人がうまくいく

第3章　雑談の「テクニック」
～結局、話し方のコツを知ってる人がうまくいく

第4章 雑談の「コンテンツ」
～結局、話題が豊富な人がうまくいく

第5章

雑談で「ブランディング」

〜結局、自分に正直な人がうまくいく

［装丁］
金井久幸（ツー・スリー）

［本文デザイン・図版作成］
五十嵐好明（LUNATIC）

［イラスト］
力石ありか・本間立平

［校正］
鷗来堂

第1章

雑談の「マインド」

～結局、気配りできる人がうまくいく

その話、「刺さって」ます？

営業部長と、若手社員数名でランチをしていたときのことです。営業部長の携帯電話が鳴り、先日のコンペの「勝利」の報告が入りました。しかし部長は電話を切ると、まるで、負けてしまったかのように、大きくため息をつきました。若手社員は、そんな部長を不思議な目で見ています。すると部長は言いました。

「プレゼンで勝てたのは、みんなが優秀だからだよ。オレがガッツポーズする話じゃない。そもそも、営業の仕事は競合にしないことだから」

営業部長が一番悲しいことは、担当していた案件が「コンペ（競合）」になってしまうことだと言います。

「営業の仕事は売ることじゃない。取引先との関係づくりだよ。営業が〈刺さって〉いなきゃダメなんだ」

これは広告業界に限らず、すべての業界で言えることかもしれません。取引先の人に「刺さって」いる。つまり**「ほかに代替が利かない存在」**になっていれば、仕事が他社に流れることもないのです。

しかし、部長が言う**「刺さっている人」**とはどんな人のことを言うのでしょうか。

クライアントにおみやげを「買ってもらう」営業マン

あるクライアントに訪問したときのことです。打ち合わせが終わると、クライアントが小さなお菓子を、うちの営業マンに手渡していました。

なんとそれはクライアントの地元のお菓子。帰省した際、営業マンのためにわざわざ買ってきたくれたというのです。営業マンは、まるで「帰宅した飼い主を出迎えるミニチュアダックスフント」のごとく、全身で喜びと感謝を伝えていました。

しかし、クライアントにおみやげを「あげる」ならまだしも、「もらう」のはあまり聞かない話です。そこで帰り道、「あのおみやげは、なにかのお返しですか？」と聞きました。すると、営業マンはこう答えたのです。

「いや、あれは、クライアントのサプライズ。驚いたよ。ただこの前、会話の流れで、『それ、食べたことないです』って言っちゃったんだよね……。だから、オレが〈催促〉したようなものなんだけど（苦笑）」

クライアントにおみやげを「ねだる」……なんて奇妙なことをするのかと驚きました。しかし思い起こせば、おみやげを渡すときのクライアントは、とても嬉しそうでした。そして営業が喜びを露わにしたことで、その場はとてもいい雰囲気になりました。

結果的に、営業マンの「おねだり」が、クライアントとの関係を、プラスの方向に動かしたことは否めないのです。しかし、どうして「おみやげをねだること」が、良好な関係づくりにつながるのでしょうか。

「気配りジャンケン」の法則

私は、小学校の先生がいたずらっ子に説教したときの一言を、いまでも覚えています。

「人にされて嫌なことはするな」

大人になった我々は、この戒《いまし》めを守れているのでしょうか。テレビから流れてくるニュースを見れば、国と国レベルで「人にされて嫌なこと」ばかりをやりあっている。人類がこの原則を守れば、世界はどれだけ住みやすくなるのでしょう。

そして、この教訓が「真」ならば、その「対偶」もまた「真」となります。

「人にされて嬉しいことをしろ」

みなさんは、プレゼントを「もらう」のと「あげる」のでは、どちらが嬉しいですか？

気に入らない上司にあげる「義理チョコ」や、荷物

になるだけの「出張みやげ」を除けば、「大切な人の喜ぶ顔」を想像しながらプレゼントを選ぶことは、なによりも楽しいことではありませんか。成熟した大人は、「他人が嬉しくなること」に幸せを感じるのです。

そしてこのルールに基づけば、次の「進化形」も正しいということになります。

「『人にされて嬉しいこと』をしようとしている人がされたら嬉しいこと」をしろ。

気配りができる人は、「人にされて嬉しいこと」を知っています。そしていつも相手にそれを「してあげたい」と考えています。

であるならば、それを「しやすくしてあげる」。それがさらに進んだ「気配り」になるのです。

私はこれを、**「気配りジャンケン」**と呼んでいます。

教訓

「人にされて嫌なこと」はするな。

↓

逆

「人にされて嬉しいこと」をしろ。

↓

発展

「『人にされて嬉しいこと』をしようとしている人がされたら嬉しいこと」をしろ。

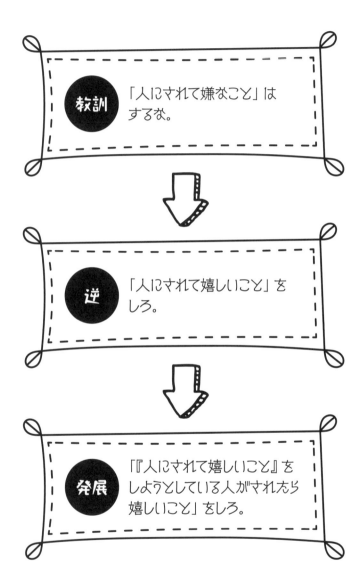

たとえば、ジャンケンで自分が「グー」を出すつもりのとき、その手を読んだ相手は、気配りをして「チョキ」を出してわざと負けにくるでしょう。

そこで、こちらはさらに先を読んで、「パー」を出し、勝ちを譲るのです。ちょっとわかりにくい例えになりましたか？（笑）

先ほどの、クライアントと営業マンのおみやげの一幕には、次のような「心理戦」が繰り広げられていました。

営業マンは、クライアントが、「他人が欲しがっているおみやげ」を買ってきてくれる「気配りができる人」であると見抜いていました。そこで、クライアントの地元の名産品をサラッとねだっておいたのです。

おみやげを渡したときのクライアントの満面の笑みには、良い気配りができた満足感が表れていました。

ところがその満足感は、**じつは営業マンの「おみやげをねだる」という演出のもとに、もたらされていた**というわけです。

「教えてください」は最強のパワーワード

私は家系に学校の先生が多いせいか、他人になにかを教えるのが好きです。私の周囲には嗅覚の鋭い人が多く、私のこの性格を見抜いているようで、よく次のように仕事を頼んできます。

「本間さん、教えてもらってもいいですか？」
「今回は、本間さんのご知見を賜りたく……」

このように言われると、私は自尊心が満たされ、一肌脱ぎたくなるのです。
「教えてください」という言葉は「教え好きな人」以外にも効果を発揮します。なぜなら、ここにも「気配りジャンケン」の法則が当てはまるからです。

「弱ったなぁ……」「わからない……」「ちょっと助けて欲しいんだけど……」

実際、優秀な人ほど、周囲に頻繁《ひんぱん》に「ヘルプ」を求めています。
すごいのは、会社の同僚だけでなく、クライアントにも助けを請うところです。
たとえば「オリエンを受けたけれども、クライアントの意図がイマイチよくわからない」そんな事態に陥《おちい》ったとします。こんなとき、デキる営業マンは、

「明日、〇〇さんに聞いてきます！」

と、躊躇《ちゅうちょ》なくクライアントの元に向かいます。

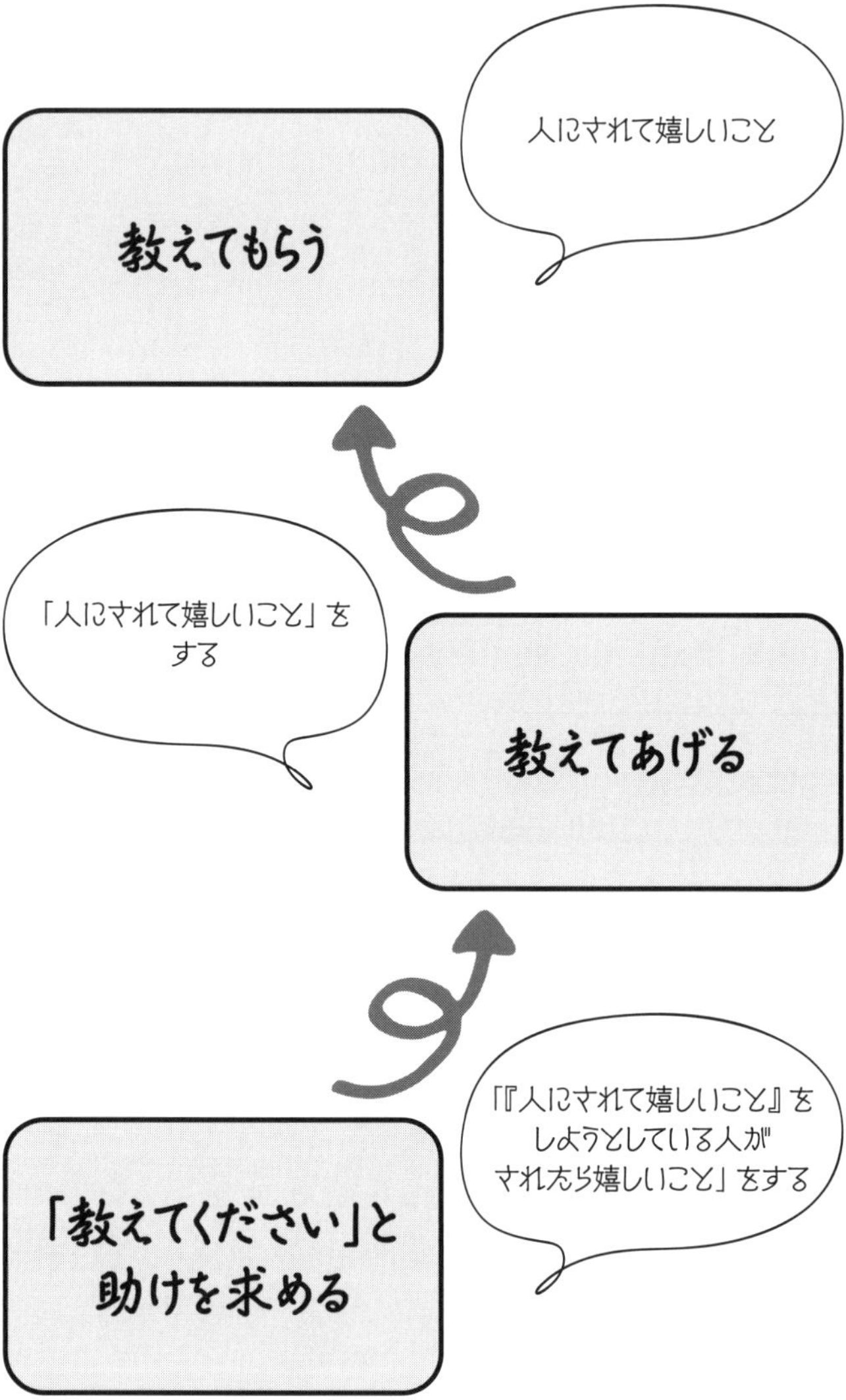
人にされて嬉しいこと
教えてもらう
「人にされて嬉しいこと」をする
教えてあげる
「『人にされて嬉しいこと』をしようとしている人がされたら嬉しいこと」をする
「教えてください」と助けを求める

クライアントはこれをどう受け止めるのでしょう?

ネガティブに捉えるでしょうか? **「逆」なのです。**説明を求められたクライアントの態度は、ほとんどの場合「歓迎一色」です。

そしておもしろいことに、クライアントは、**「自分を頼ってくる人」であればあるほど、可愛くなってしまう**ようなのです。

これは、自慢になってしまいますが、私は中学生時代、学年でトップクラスの成績を収めていました。しかし私よりテストの点数が低いのに、なぜか通知表の評価はとても良い生徒がいました。

その生徒がやっていたことはシンプルです。

「先生、ここがわからないんです。教えてください」

職員室にしょっちゅう出向いていたのです。

ところで、「教えてください」は、部下や後輩に対しても有効です。本来なら「説明してくれる？」「報告してくれる？」と言う場面で、それを「教えてくれる？」に置き換えてみてください。

「山田クン、これ教えてくれない？」

このように、部下に教えを請う姿勢は、

（現場を一番わかっているのは、ほかでもない、山田クン！　君だよ！）

と、**相手の知識や経験を尊重している**ことになります。

きっと山田クンの業務報告にも、熱が入ることでしょう。

名刺をもらう前に相手の名前を呼ぶ

「刺さっている人」がやっている法則をもう1つご紹介しましょう。とはいえ、これは極めてオーソドックスなテクニックです。

それは、**とにかく相手の名前を呼ぶことです。**

人は名前を呼ばれると「自分が認められている」という承認欲求が満たされます。「刺さっている人」はそれを知っているので、いつも他人の名前を「連呼」しているというわけです。

さて、ここからが、もっと凄いテクニックです。

彼らは、**まだ名刺交換をしていないのに、相手の名前を呼ぶ**のです。

「本間さん、お仕事を一緒にさせていただけて光栄です」

初対面なのに、なぜ私の名前を知っているのか？　最初は不思議でした。

しかし、とくにカラクリはありません。彼らは会う前から私のことを周囲に聞いたり、入手したプロフィールを読んでおき、**これから会う相手のことを調べ尽くしている**のです。

そういえば、人気女優に初対面から「やっと逢えたね」という言葉を投げかけ、結婚を決めた著名人がいました。

◉会う前から、相手の情報をできる限り入手する

◉初対面なのに、前から知っていたかのように、名前を呼ぶ

◉それによって、いかに相手が「自分にとって大切な存在」であるかを伝える

私は、この手法を、**「やっと逢えたね作戦」**と呼んでいます。

死ぬほどつまらない「昨晩の夢」をおもしろくする

「昨晩さぁ、すごい夢を見てさぁ……（かくかくしかじか）」

「夢の話」をする人は、いつも決まって興奮気味に話します。ですが、そのおもしろさはまったく伝わってきません。

他人の夢は、なぜこんなにつまらないのでしょう。理由はただ1つ。夢を見たのはその人であって、「自分ではない」からです。

大前提として「人は、自分にしか関心がない」と思っておいた方がいいのです。

人が、聞く価値があると感じるのは、**「自分ゴト」**だけ。それは、

◉自分の話
◉自分に役立つ話
◉自分がおもしろいと感じる話

この3本だけです。この点で考えると、他人が見た「夢」の話は、

◉他人の話

◉役に立たない話
◉おもしろさが伝わらない話

つまり、究極の「他人《ヒト》ゴト」です。おもしろいと思わせるほうが無理なのです。

ただし、**つまらない話の極致《きょくち》である「夢の話」を、相手に興味深く聞いてもらう方法が1つだけあります。**

それは……

「この間、●●さんが夢に出てきました」

と、夢のなかに相手を登場させるのです。

つまらない夢の話でも、自分が出演したとなれば、それは「自分の話」。関心を持たざるを得ません。たとえばこんな感じです。

他人《ヒト》ゴト

☆他人の話
☆役に立たない話
☆おもしろさが伝わらない話

自分ゴト

☆自分の話
☆自分に役立つ話
☆自分がおもしろいと感じる話

「この間、夢のなかで打ち合わせしてたんですけど、センパイが突然現れて……アイデアを機関銃のようにしゃべって、ダッシュして帰られました（笑）」

「この間、原始時代にタイムスリップする夢を見たんです。そこにセンパイがいて、マンモスの肉をていねいに切り分けていました」

「あなたが夢に出てきた」というのは、「夢に出るくらい、私は、あなたのことを気にしていますよ」と伝えているのと一緒です。

それを言われた「センパイ」は、間違いなくあなたのことが気になってしまうでしょう。

デキる営業マンがスマホに「千社札」を貼っている理由

大変仕事がデキる、木下さんという営業マンがいます。彼は自分の名前が書かれた **「千社札《せんじゃふだ》シール」** をつくり、手帳やスマホなどあらゆるものに貼っています。

「なぜ持ち物に千社札を貼っているんですか？」

と尋ねてみました。すると、思いがけない答えが返ってきたのです。

「だってさ、お客さんがオレの名前を間違えたらかわいそうじゃん？」

これを聞いて、ハッと気づかされました。この人も**「気配りジャンケン」**の教訓を実践していたのです。

人はだれでも自分の名前を呼ばれたい生き物です。気配りができるクライアントはそれを知っているので、木下さんの名前を呼ぼうとします。

しかしこのとき、こんな迷いが生じる可能性があります。

(あれ？　この人、「木下さん」だっけ？　「木村さん」だっけ？)

日本人の苗字は、一瞬迷わせるものばかりです。「岡村と岡本」「北村と北島」「西川と西田」「永井と永田」……。お互いを名前で呼び合う関係でも、ちょっとご無沙汰《ぶさた》していれば、ド忘れすることもあります。

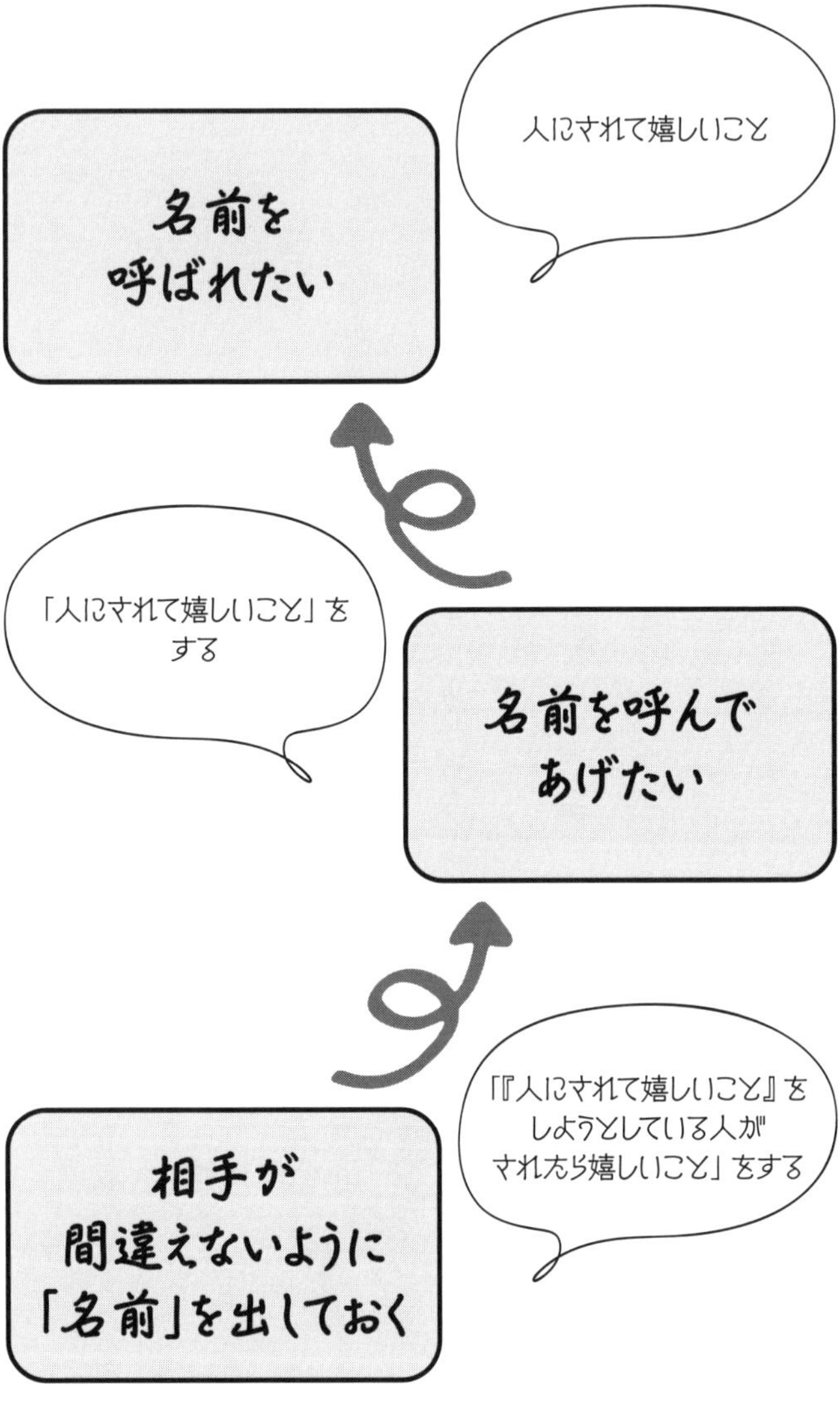
人にされて嬉しいこと
名前を呼ばれたい
「人にされて嬉しいこと」をする
名前を呼んであげたい
「『人にされて嬉しいこと』をしようとしている人がされたら嬉しいこと」をする
相手が間違えないように「名前」を出しておく

相手の名前を忘れてしまったとき、相手の持ち物に千社札が貼ってあったらどうでしょう。これほど助かることはありません。

「人の名前を間違えてしまう」のは、たいへん失礼で恥ずかしいことです。そんな「大恥」を相手にかかせないよう、あらかじめ目につくところに、自分の名前を出しておく。なんという細やかな心配りでしょうか。

しかし、考えてみれば、私も「一瞬、迷わせる苗字」の持ち主でした。

(あれ？　本間さん？　本田さん？　どっちだったかな？)

久しぶりに会ったクライアントは、きっとストレスを感じていたことでしょう。

そこで私も早速「千社札」を注文し、あらゆる物に貼りまくりました。それだけでは足らず、スマートフォンには連絡先も書いておきました。これを見た人は、たいていい笑ってツッコミを入れてきます。

「スマホに連絡先を書いているんですか？　個人情報をバラまいてますよ（笑）」

そう言われたときは、こう返します。

「『あの人カッコいい！』と思った女性が連絡できなかったら可哀そうじゃん？」

なぜ、あの人はいつも同じ服を着ているのか？

ロボット研究者の吉藤《よしふじ》オリィさんは、自分で考案した「黒い白衣」を10年以上着用しています。「他人に思い出してもらいやすくするため」だそうです。※

またＩＴ批評家の尾原和啓さんは、夏でも「赤いマフラー」をつけています。

これも、パッと見で想起できる「アイコン」の役割を担わせているのだとか。※※

※　『サイボーグ時代』（吉藤オリィ／きずな出版）
※※『どこでも誰とでも働ける』（尾原和啓／ダイヤモンド社）

私の友人にも、髪型を「ちょんまげ」にしたり、「変わった眼鏡」をかけたりしている人がいますが、みな同じ理由です。

彼らがやっていることは、**「見た目の固定化」**です。そうすることで、相手にムダな情報処理をさせないようにしているのです。

また、見た目と名前が一致しても、**（あれ？ この人はなにをしている人だったっけ？）**と、その人がやっている「仕事」を忘れてしまうこともあります。そこで、**わかりやすい「肩書き」に固定化する**のも一手です。

たとえばグラフィックデザイナーでも、メインでやっている仕事が「切手のデザイン」なら**「切手デザイナーです」**と自己紹介するほうが親切です。

私も自分を**「買物の専門家」**に固定化し、名刺にもそれがわかる肩書きをいれています。

ほんとうは買物以外の仕事もやっているのですが、そのように覚えてもらったほうが、周りの人が「ラク」なので、あえて限定しているのです。

名刺を武器にして話を始める

電通の名刺は裏地のパターンが100色あります。これは人材の多様性を表しているもので、各々が自分の好きな色を選べます。私はこの施策が発表されたとき、そのアイデアの秀逸さに脱帽しました。

名刺を交換するのは初対面の場です。お互い相手の情報をほとんど持っていません。そんなシーンで「100色の名刺」があれば、

「あっ、この色は珍しいですね！」

と、確実に1つ「話題」が生まれます。

ここで注意しておきたいのは、「名刺が目立てばOK」ではない点です。名刺を渡したその後の会話を、きちんと想定しておくのです。

私の先輩は初めて100色の名刺が配られたとき、こう言いました。

「どうしてその色を選んだのか、聞かれたら答えられるようにしておかないとな……」

「100色名刺」を渡せば、「その色に決めた理由」を聞かれるかもしれません。そこで「なんとなくです」「好きな色だからです」と答えるようでは失格です。せっかく聞いてくれたのに、会話が終わってしまいます。

その先輩は赤を選びました。「なぜ赤なのですか？」と質問されたら、**「赤字覚悟の大サービスをお約束するからです！」**とやる気を伝えているそうです。

また、青を選んだ女性社員は、**「サーフィンをやってまして、週末はずっと海にいるんです」**と、さりげなく趣味をアピールしています。

彼らは会話のきっかけの「その先」を読んでいます。名刺交換の後に、「自己PRタイム」

が来るよう、計算しているのです。

「名刺が武器になる」ことに気がついているのは、電通だけではありません。

デザイナーや建築家など、クリエイティブ系の人の名刺は、素材や形が奇抜なことが多いのです。

「変わった名刺ですね」

「そうなんです。じつは、〇〇をモチーフにしておりまして……」

と、さりげなく自分のセンスや得意領域のアピールにつなげています。

会社員は支給された名刺を使うことになるでしょう。しかし会話のきっかけになる資格などを持っているなら、会社に頼んで記載してもらうのはどうでしょうか。

名刺は難しくても、取り組んでいる「プロジェクト

名」や、「趣味」のステッカーを「ノートPCのフタ」に貼りつけるのもおすすめです。

コスパと「話題価値」

みなさんの使っているスマートフォンは、いつごろ購入したものですか？

ある営業部長は「最新のスマホを発売初日に手に入れる」ことを絶対ルールにしています。そのメーカーのファンだから……という理由もありますが、一番の理由は、「話のネタになるから」だとか。

発売初日に、行列ができるような人気商品であれば、

「あっ、早速、入手されたんですね！」

と声をかけてもらえるかもしれません。もしクライアントも同じメーカーのファンなら意気投合できるでしょう。

ただ、最新型には「価格が高い」という難点があります。最近のスマホはコモディティ化が進んでおり、1つ前のモデルでもそれほど性能は変わらないこともあります。コスパ（コストパフォーマンス）の点では割安な旧モデルを選ぶほうが賢明かもしれません。

しかし、モノの価値は「コスパ」だけでは決まりません。最新型なら、話のネタになるという**「話題価値」**が付加されるからです。

◉コスパ＝スマホの機能価値の高さ（機能やデザイン）×価格の安さ

◉話題価値＝「会話のネタ」へのなりやすさ

1つ前のスマホは、コスパでは圧勝ですが、「話題価値」の高さでは最新型に歯が立ちません。営業部長の

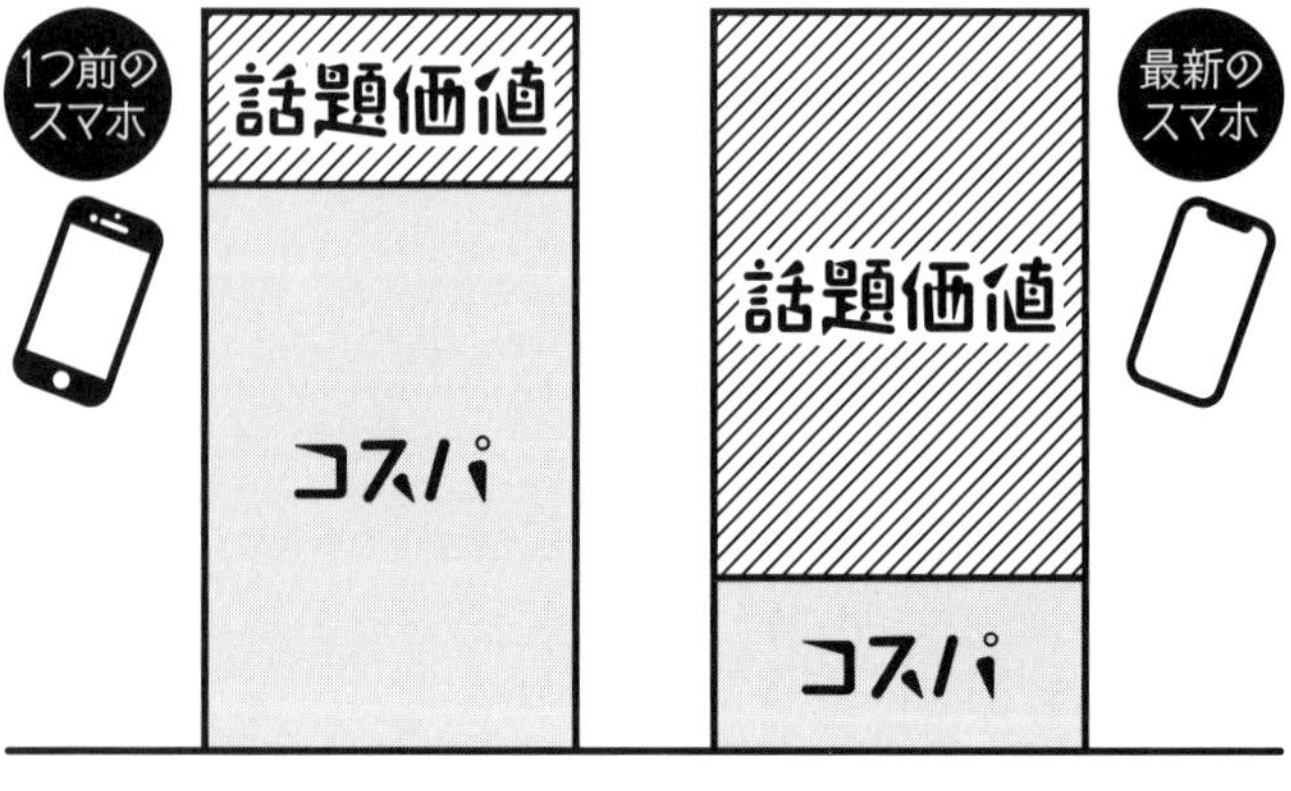

「古いスマホじゃ、お話にならない」

というダジャレも、あながち間違ってはいない気がします。

ダイエットは失敗してもいい

「話題価値」はモノだけでなく、コトにも存在しています。

もし、健康診断で医師から「肥満」を注意されたら、どう思いますか？　おそらく憂鬱な気分になるでしょう。しかし、雑談の達人はそれをチャンスと捉えます。

「話題の『プチ断食ダイエット』を始めたんです。1か月で5キロやせました！」

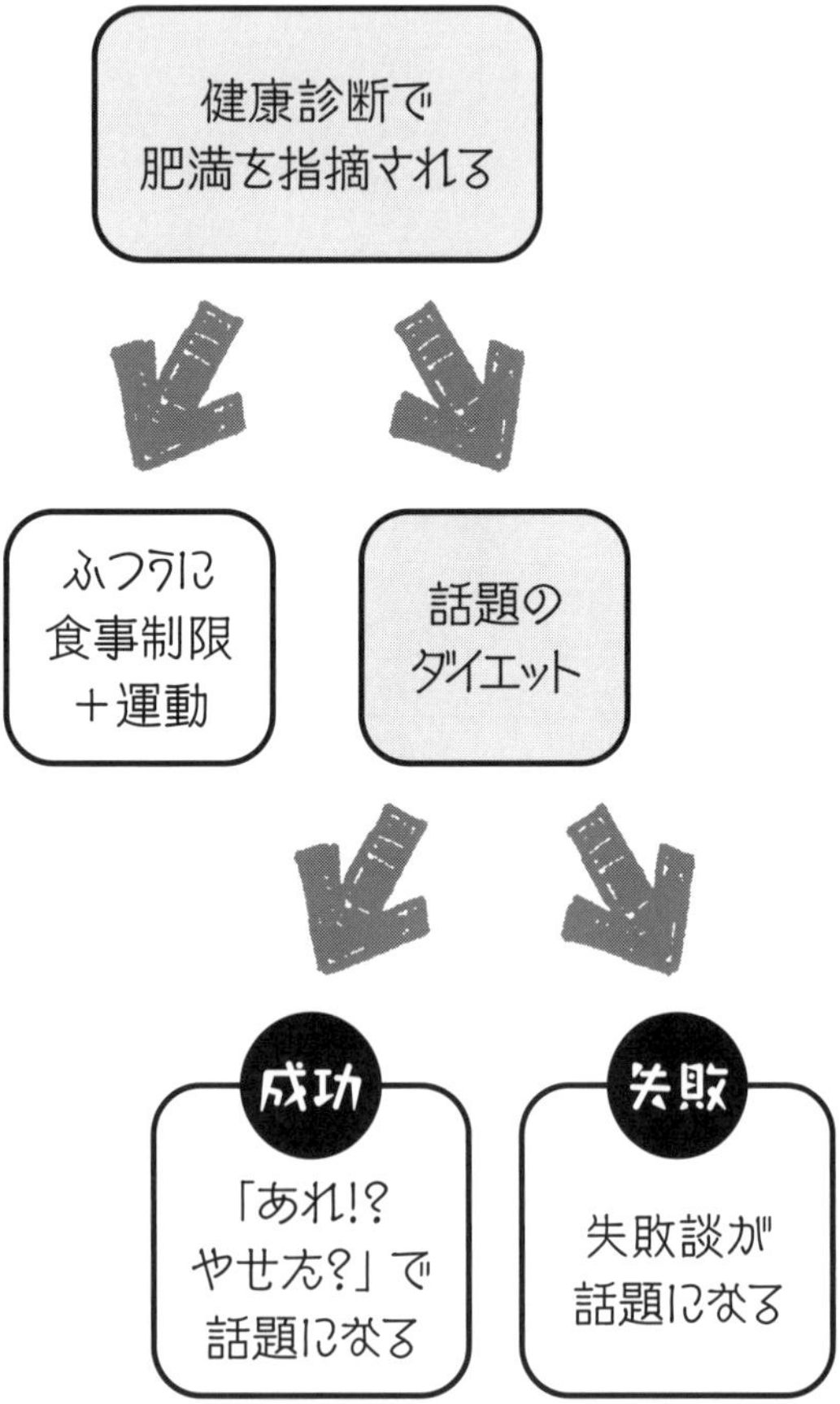
健康診断で
肥満を指摘される
ふつうに
食事制限
＋運動
話題の
ダイエット
成功
「あれ!?
やせた?」で
話題になる
失敗
失敗談が
話題になる

健康指導を受けたら、それを**「話題のダイエット」**に挑戦するチャンスにすればいいのです。もし、ダイエットに成功して見た目を劇的に変化させることができれば、それ以上の「話題価値」はありません。そして、失敗したとしても、話題のダイエットに取り組んだこと自体が話のネタになります。

私の知り合いの、ずんぐりむっくり体型がトレードマークの営業部長は、人間ドックで食事制限を命じられてしまいました。

そこで、当時流行していた「断食道場」の門を叩きました。山中のお寺での、2泊3日の比較的短いプログラムです。

しかし食いしん坊の営業部長は空腹に耐えきれず、

散歩の時間に列から離脱して、見知らぬ農家の直売所に駆け込み、スイカを買って食べさせてもらいました。ところがなぜかそれがバレてしまい、**「断食道場を破門になった」**という鉄板ネタを持っています。

日頃から「経験値」を積み上げる

「〈話のネタ〉になるのは、どちらだろう？」

毎日の生活でこんなふうに考え、つねに「話題価値」を意識してみましょう。それだけで会話のネタを増やすことができます。

私は、この「話題価値」を、RPG（ロールプレイングゲーム）の**「経験値」**と同じものだと考えています。

たとえば、記念日の食事のお店選び。せっかくのハレの日に、変なお店に入って後悔したくありません。考えたあげく、いつもの「馴染みの店」にする人も多いでしょう。しかし、これでは自分が「確実に倒せる敵」（＝ザコキャラ）を倒しているのと一緒です。失敗こそしませんが、「経験値」は上がりません。

「話題価値」を得たければ、自分のフィールドから出て、未知の世界にチャレンジすることが大切です。たとえば「予約がとれないレストラン」の予約をコネでゲットするとか、ネットで紹介されていない「知る人ぞ知るお店」に突入してみるなど、**「経験値が稼げそうな行動」**を、いちいち選んでいくのです。

私の同僚は、普段のランチでも、経験値の獲得に余念がありません。会社周辺の店を制覇することはもちろん、新しいクライアントの担当になれば、その周辺のお店を一つ一つ攻略していきます。もちろん「グルメ」のためではありません。

「御社の向かいにあるパスタのお店、最高ですね！」

と、クライアントと話す「ランチネタ」を増やそうとしているわけです。

雑談は究極の「おもてなし」である

日頃から「話題価値」を追求することも、前述の「気配りジャンケン」を成功させるためです。沈黙を恐れているのは相手も一緒。不快な思いをさせまいと、「会話のきっかけ」を探っていることでしょう。

そこで、「なにか声をかけなければ……」と考えている相手ために**「会話の導火線」**を用意し、相手の見えるところに置いておくのです。

もし、自宅に来客の予定があれば、家を掃除し、お茶やお菓子を買い、ときには手料理をふるまって「おもてなし」するでしょう。同様に、「あれ!?」と気づいてもらえるトピックスを用意するのも、おもてなしです。

◉日頃から「話題価値」の高いモノ・コトを探す

◉いつか来る雑談に備えて、「経験値」をためておく

◉「ツッコミどころ」になるよう、見えやすい所に示す

おもしろい話ができる人は、もとから話題が豊富で、話し好きな人に見えます。

しかし実際は人と会う場面に備え、水面下で常日頃から**「雑談の準備」**をしています。その根底には、つねに相手を第一に考える**「相手ファースト」**の精神があるのです。

コラム

人類はなぜ雑談が苦手になったのか？

人々が雑談に苦手意識を持っているのはなぜでしょう。私の仮説ですが、その原因は「スマートフォンの普及」にあるのだと思っています。スマホは私たちに3つの大きな変化をもたらしました。

スマホによる変化①
「共通ネタ」がなくなった

若い世代の人には信じられないかもしれませんが、少し前の日本では、男性は「プロ野球」と「ゴルフ」、女性は「ファッショントレンド」さえ押さえておけば、話題に事欠くことはありませんでした。全員が同じスポーツに興味があり、同じファッションに身を包んでいたのです。理由は明らかです。情報源が「テレビ、新聞、雑誌、ラジオ」の4つのメディアに限られていたからです。すべての国民が、同じコンテンツを同じタイミングで受け取っていたのです。

現代はどうでしょう。スマホを手にしたわれわれは、自分が欲しい娯楽を、自分が見たいときに、消費できるようになりました。

スマホは、究極のパーソナルメディアです。大衆の興味を分散化させ、みんなで盛り上がれる「共通の話題」を減らしてしまいました。

スマホによる変化② 「物知り」の価値が下がった

1994年頃、『東京いい店やれる店』（ホイチョイ・プロダクションズ／小学館）という本が大ヒットしました。デートに使える、イケてるレストランを紹介した本です。当時、おいしいお店やワインの知識がある人は間違いなくモテました。「口コミ」は貴重な情報源なので、物知りはリスペクトされたのです。

しかし現在は、スマホでググれば、どんな情報でも1秒でゲットできます。

検索エンジンは「知っていることの価値」を著しく下げました。

スマホによる変化③

「対人」が苦手になった

カフェや電車で人間観察をしていると、「スマホを見ながら隣にいる友達と会話をしている」人をよく見かけます。

臨床心理学者のシェリー・タークルは『一緒にいてもスマホ』(青土社)のなかで、スマホが、「フェイストゥフェイス」の会話を激減させており、会話能力の低下を招いていると警鐘を鳴らしています。

ある高校生は言います。

「リアルの会話は、アンコントローラブル（操作不能）で不快。話がいつ脱線するかわからないし、想定外のリアクションが返ってくる……」

彼らにとっては、もはやスマホの会話が「メイン」、リアルの会話が「サブ」なのです。

10代、20代の平成生まれ世代の半数が、「人の視線をストレスに感じている」という調査結果※もあります。スマホがあれば人の目を見て話す必要もないですから、そうなってしまうのは無理もないでしょう。

さらに、最近の研究では**「スマホがそこにあるだけで、対人関係に悪影響をもたらす」**ことも明らかになっています。

※　2人に1人が他者の視線が「怖い…」全世代で「視線耐性」の低さが明らかに（株式会社マンダム）
https://www.mandom.co.jp/release/pdf/2018100301.pdf

英国の心理学者、アンドリュー・パージビルスキ博士は、初対面の男女でペアをつくらせ、小部屋に入ってもらい、「最近起きたこと」について10分間の雑談をさせる実験を行いました。

会話中、半数の被験者には、スマホをずっと机の上に置いておくように指示し、残り半数はスマホをしまって会話をさせます。

会話の後、話した相手のことを評価してもらいました。すると、スマホを机の上に置きながら話したグループでは、会話の質を低く評価し、相手への共感度や信頼度も低くなってしまいました。

会話をするときは、スマホはカバンにしまったほうがいいかもしれませんね。

第2章

雑談の「タイミング」

～結局、空気の読める人がうまくいく

雑談は「タイミング」が9割

この章では、雑談をするにあたりもっとも注意すべき、**「タイミング」**についてお伝えします。タイミングは本当に重要です。これを間違うと、どんな話をしても、相手にまったく伝わらないからです。

「タイミング」とは、ずばり「空気」のことです。

会話をする際には、「空気を読む」ことがとても大切なのです。

「空気を読む」という言葉には、マイナスのイメージを抱く人もいるかもしれません。ただ、ここでお伝えしたいのは、場の「空気」をしっかりと読んで雑談をすれば、それが相手からの高い評価につながるということです。

ここではまず、私が経験した話をお伝えしましょう。

仕事仲間の男4人で、焼肉を食べたときのことです。若手の営業マン・高橋クンが、集合時間に少し遅れて店に到着しました。

高橋クンはこの店が初めてな様子。そこで「この店独自の注文ルール」や「ホルモンの正しい焼き方」などの必要なマナーを手取り足取り教えてあげました。

すると、

「なるほど～こうやって焼くんですね！」

「いやぁ知りませんでした！」

と驚きを連発。喜びを露わにしていました。

4人ともビールがいい感じに進み、お腹もいっぱいになりました。

「じゃあ、２軒目にいこうか」

と、出口に向かおうとしたときです。店主が高橋クンに向かって、

「毎度どうもね！　今日は会社の先輩と？」

と、声をかけてきたのです。

先ほどまで、注文の仕方や焼き方のコツについて、われわれ先輩から教えてもらっていた高橋クン。なんと、「今日が初来店ではなかった」ということが判明したのです。

出世する男は「知らんぷり」ができる

高橋クンは、こう考えたのでしょう。

先輩たちが、お店のシステムの説明をしてきたので、「来店したことがある」ことは、

あえて言わなかった。
←
先輩たちが、肉の焼き方などのウンチクを、どんどん話してきたので、教えてもらう側に回った。

つまり、高橋クンはその場の「空気」を読んで「初来店」を装い、お店のルールや肉の焼き方を知らない「素人」の役を演じることに決めたのです。

知っているのに知らないふりをする。これは非常に高度な会話術で、私はこれを

「戦略的無知」

と呼んでいます。高橋クンは最後の最後で店主に「常連」であることをバラされてしまいました。しかしそれを除けば、完璧な「立ち居振る舞い」でした。焼肉にうるさい先輩たちをその場の「主役」にし、自分は「聞き役」に回る。場の状況を見て、一瞬で「戦略的無知」をとる判断をしたわけです。なかなか真似できることではありません。

そもそも、人にはプライドがありますから、無知を演じることには、心理的な抵抗感を抱くのが普通です。また、何から何まで、無知を装《よそお》っていると、**（この人は、こんなことも知らないのか。常識がないなぁ……）**という、あらぬ誤解を与えてしまうかもしれません。使いどころが肝心です。

空気が読める人は好感度が高く、だれからも可愛がられます。とはいえ、高橋クンほどのレベルに達するのは難しいでしょう。しかし、私のような凡人でも、なんとか彼のような「空気を読む力」をつけることはできないものでしょうか。

そこで、「空気を読める人」について考える前に、まずは、その反面教師である**「空気が読めない人」**について理解しておきましょう。

「空気が読めない人」の特徴

世間では空気を読める人よりも、「空気が読めない（＝ＫＹ）」人のほうが有名です。「ＫＹ」は、２００７年の新語・流行語大賞の候補でした。

では「ＫＹ」とは、具体的にどんな人のことを言っていたのでしょう。

調べてみると、なにか単一の特徴があるわけではなく、「とにかく自信過剰」「人の話が聞けない」「自称おもしろい、だけどつまらない」など、じつにさまざまな性格のことを「ＫＹ」と呼んでいたようです。

しかし、大まかには、次の3点に整理することができるでしょう。

1.「間が悪い」
周囲の状況が見えていない。

2.「うるさい」
ムダに声が大きい。テンションが高い。

3.「いらんことを言う」
余計なこと、関係ないことを話し始める。

要約すれば、

「こちらの状態や、周囲の状況を無視して、自分が言いたいことだけを言う」

この自分勝手さが「空気が読めない人」の特徴です。

「KY」と言われないために、私はまずは自分を戒《いまし》めようと考えました。というのも、私の仕事は人に情報を伝える広告や販促です。われわれが発信する情報が「KY」と言われないよう、タイミングや内容を考慮しなければなりません。その必要性をひしひしと感じた、ある事例を紹介します。

スーパーマーケットの「空気」を読む

私は、スーパーマーケットで、「買い物の実態」を調査しています。

そのときは**「販促物の効果」**について調べていました。店内のいたるところにポスターやタペストリーなどの販促物を取りつけ、買物客がそれらをどれだけ見るのかをチェックします。

興味深いのは、取りつけた「場所」によって注目度がまったく違うことです。

たとえば、

「スーパーでもっとも多くの人が通行するのに、まったく販促物を見てくれない場所」

がありました。どこだと思いますか？

それは**入り口**です。入り口を通る際、買物客はさまざまな使命感に駆られています。

（今日、買わなきゃいけないものは……）

（冷蔵庫には、なにがあったかしら……）

と、考えなければならないことで、頭がいっぱいなのです。そんなとき、どんなに目立つ場所にポスターが貼ってあっても、まったく目に入りません。

ところが、「入り口」を通過すると、状況が一変します。

(さぁて、今日の夕食はなににしよう?)

と、周囲を見渡し始めます。このタイミングで販促物が目に留まるようになり、

(そうだ! 今晩は天ぷらにしよう!)

とメニューが決まります。

ここから、野菜コーナー、鮮魚コーナーと回りながら「天ぷらの材料集め」が始まりますが、**この間は「天ぷら」以外の情報は、一切入ってきません。**

買い物をしている間の買物客の「態度」は目まぐるしく変化します。特定の情報を取りに行く(能動的＝Active)な状態と、広く情報を受け入れる(受動的＝Passive)な状態を繰り返しているのです。

Active
Passive
Active
お特
大売り

◉スーパーに入店する→「買い物を始めなきゃ！」
（能動的＝Active）
←◉今晩のメニューを考える→「なににしようかな～？」
（受動的＝Passive）
←◉天ぷらに決定。材料を探す→「天ぷらのタネを探すぞ！」
（能動的＝Active）

買物客が販促物に目を向けるのは（受動的＝Passive）なときだけ。販促物を見てもらうには、デザインや形状よりも、買物客の「状態」が大切だと判明したのです。

買い物をしている間、（能動的＝Active）な状態と、（受動的＝Passive）な状態が交互に訪れる。これは、どんなカテゴリーにも共通する法則です。

テレビを観るとき、新聞を読むとき、街を歩いているとき、人が情報を得る際には、つねに（受動的＝Passive）と（能動的＝Active）が繰り返されています。

広告や販促の仕事をする際に、私がもっとも重きを置いているのは、この買い手の「状態」です。**受動的か？　能動的か？**　その「状態」にふさわしい訴求をすることが重要なのです。

人には2つの「モード」がある

人を怒らせるのは簡単です。なにかに集中している人、つまり能動的（＝Active）になっている人に、しつこく話しかけてみればいいのです。

「ちょっと！　黙っててよ！」と、すぐに激怒されるでしょう。

「空気が読めない人」はこれをやってしまいます。考えごとをしているときに話しかけてくる……関心のない話を延々と続ける……。相手がどういう状態にあるかを観察していないのです。

人には、「話しかけていい状態」と、「ダメな状態」がある。

当たり前のことですが、これに注意しなければなりません。これは、あまりにも大事なことなので、言語化しておきたいと思います。

人間をロボットのように扱うのもなんですが、この2つの状態を、

「Pモード／Aモード」

と呼びたいと思います。

「Pモード」(Passive ＝受動的) は「待受タイム」です。気分的にもリラックスしており、外部からの情報に、広く門戸を開いている状態です。

「Aモード」(Active ＝能動的) は「集中タイム」です。脳が活性化しており、情報の受信・発信を盛んにやっています。

Pモード(Passiveモード)

☆あらゆる情報に対して受動的。
☆視野を広く持ち、幅広い情報を受信している。
☆リラックスし、脳が休息している状態。

Aモード(Activeモード)

☆特定の情報に対して能動的。
☆興味・関心のある情報を積極的に取得・発信している。
☆集中し、脳が活性化している状態。

話しかけるのは相手が「Pモード」のときです。相手が「Aモード」にいるなら、「待ち」に徹するのが無難です。

焼肉店での高橋クンは、先輩たちの様子を見て「無知なふり」をしました。焼肉のことを熱心に語っている先輩が「Aモード」にいることを見極めたからです。

「空気を読める or 読めない」の空気とは「モード」です。情報を発信しようとしている「Aモード」の相手に話しかけてしまう。しかも長々と話し続ける。だから「KY（空気が読めない人）」と呼ばれてしまうのです。

「P／Aモード」を判別する方法

人に話しかけるなら、相手が「Pモード」のときということはわかりました。

であるならば、相手がいま「PとA」のどちらにいるのかを、どう判別したらいいのでしょう。額のあたりに「モードランプ」をつけてもらえたら助かるのですが、なかなかそうもいきません。

結論から言うと、**「モード判別」にはある程度の訓練が必要です。**

私は自動車ディーラー、アパレル、家電量販店などの接客も研究しています。接客で一番難しいのは、お客様への「お声がけ」です。

高額な商品ほど、販売員の商品知識やアドバイスが必要です。また「お声がけをしたほうが売上は伸びる」ということもわかっているので、販売員は、原則として、お客様に声をかけなければなりません。

ところが、来店客の「モード」はさまざまです。ふらっと立ち寄る「Pモード」の人もいれば、一直線にお目当ての品をチェックする「Aモード」の人もいます。声をかけられることを一切好まない人もいます。

プロの販売員はその様子を見ながら「お声がけ」のタイミングを見計らっています。もし、お客様が1つの商品をじっくりと見始めたら、「Aモード」だとみなして「待ち」に徹します。

「モード」は突然変化します。

入店時に「Aモード」だったお客様も、ある瞬間から、

（ほかに、なにかないかな……）

（もうちょっと、くわしい説明がほしいなぁ……）

と、「Pモード」に切り替わるのです。

その瞬間に見せるお客様の変化を、ある販売員は**「接近OK信号」**と呼んでいます。「接近OK信号」は動作や表情に現れます。

参考までに次ページにまとめました。

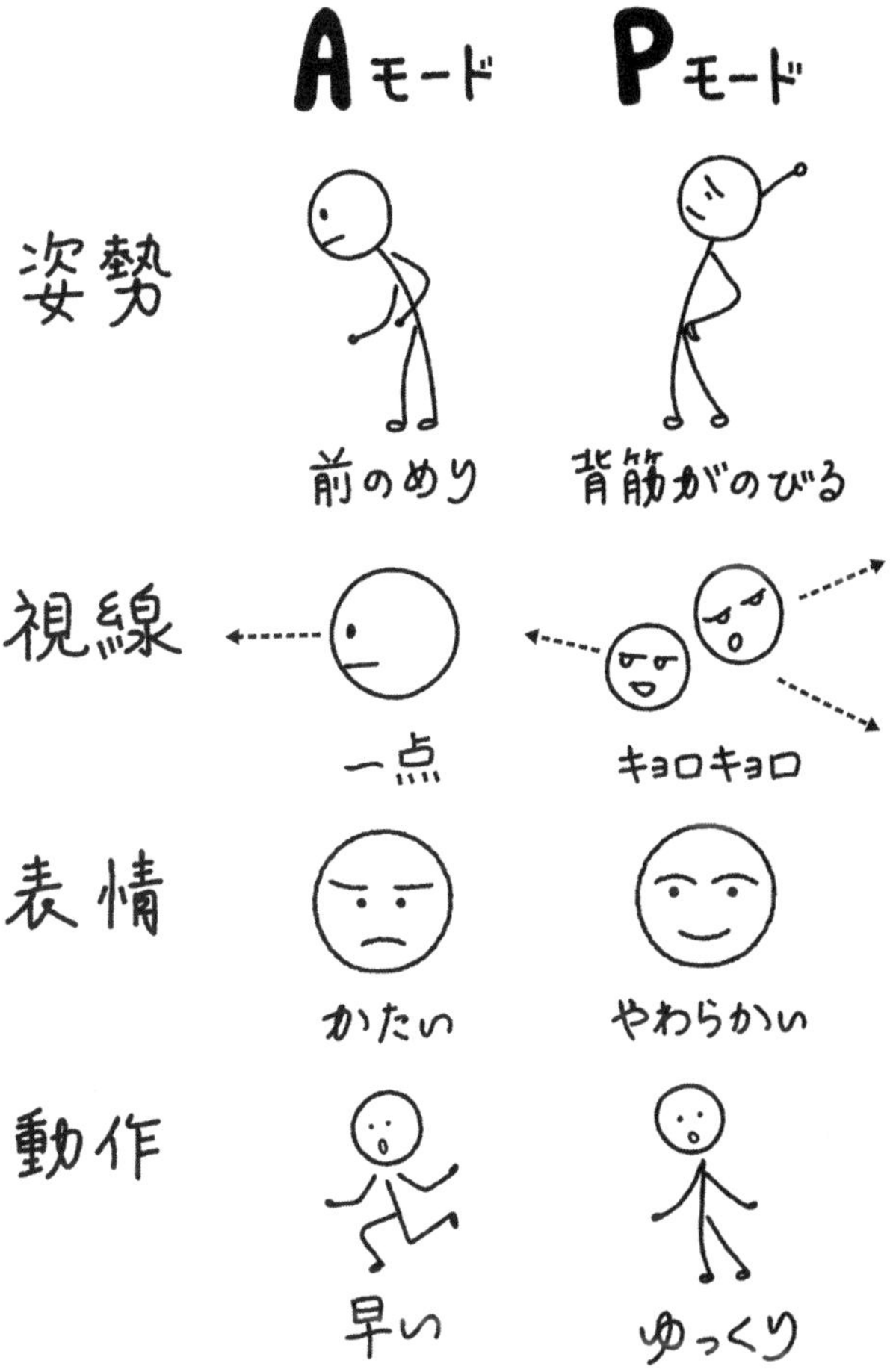
Aモード
Pモード
姿勢
前のめり
背筋がのびる
視線
一点
キョロキョロ
表情
かたい
やわらかい
動作
早い
ゆっくり

あるベテランの試食販売員は、「歩いてくるお客様の様子を見れば、立ち止まってくれるかどうか、100%わかる」と言っていました。

私たちが完璧な「モード判別」をすることは難しいかもしれません。しかし、

「いま、この人は、Pモード？ Aモード？」

と考えるクセをつけるだけでも、「空気を読む力」を高められるでしょう。

雑談は「午後」にしなさい

近年は、脳科学などの科学的な視点から**「一日のうち、どの時間に、どのモードになりやすいのか？」**ということが、ある程度判明しています。

個人差はあるのですが、脳が集中を得意とする時間帯は「午前中」です。難易度の高い頭脳労働をするなら、集中できる午前中のほうが有利です。午後になると、その集中力はどんどん弱まっていきます。ざっくり言えば、

午前中は集中を要する「Aモード」に、午後以降は「Pモード」になりやすい

ということです。また食後の血糖値が上がっているときは、リラックスして「受動的」になることもわかっています。「交渉ごとはランチの後にするとOKをもらいやすい」ことも実験により判明しています。雑談をするなら「Pモード」になりやすい「午後」か、

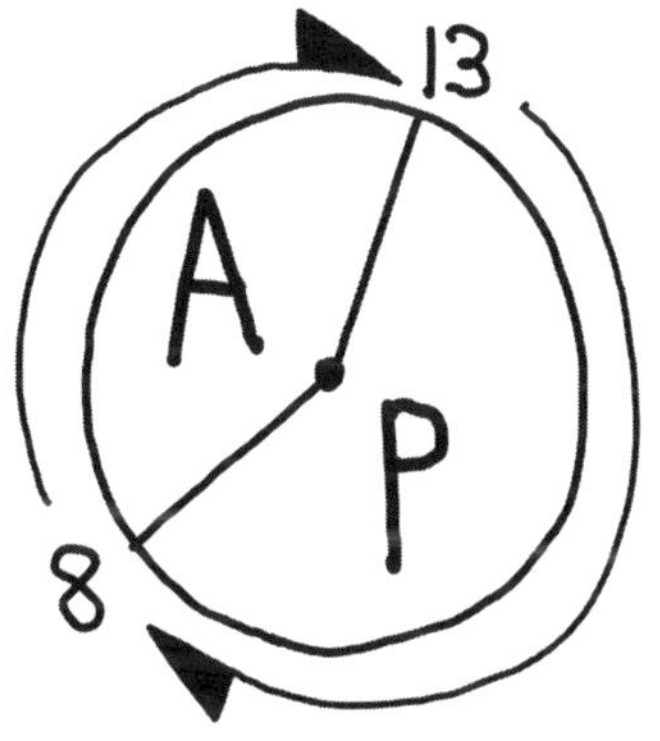

ランチ・夕食などの「食事の後」がおすすめです。
それにしても、なぜ私たちは「時間帯」によってコンディションが変化するのでしょうか。

私は人の習性を考えるとき、人類の歴史250万年の長きに及ぶ「狩猟採集時代」に思いを馳せます。なぜなら、私たちの脳や身体は、長い狩猟生活のなかで進化、発達してきたものだからです。

人類生誕の地であるアフリカ。その灼熱《しゃくねつ》の平野では、狩り獲った獲物の肉はすぐに傷《いた》んでしまいました。必然的に「その日に獲ったものは、その日のうちに食べる」のが、基本的な生活サイクルになりました。

「狩りをするなら、涼しい夜にやろう」というアイデアもあったでしょう。しかし、獲物がどこにいるかわかりにくく、夜行性の猛獣に出くわす危険もあります。そこで、狩猟は早朝からスタートすることになりました。

食材を貯め込めない、その日暮らしの毎日です。不猟の日が続けば、餓死《がし》してしまうかもしれません。ところが文化人類学者によれば、当時のアフリカは食材が豊富で、一日分の食料は4～5時間で獲り終えたのではないかと推測されています。

つまり、脳と身体をフル稼働して狩りを行うのは午前中までで、午後は狩り獲った肉をメインディッシュに、仲間と雑談しながら、のんべんだらりと過ごす。そんな優雅な毎日を送っていたということです。

現代のわれわれは一日に8時間、あるいはそれ以上働いています。昼を過ぎても、あくせく働くようになったのは、農耕が始まったわずか1万年前から。ごく最近のことなのです。

「午後になると、まったく仕事する気になれない」

という人はいませんか？　あなたは決して「怠惰」なのではありません。我々の遺伝子には、何百万年に

渡る「狩猟採集時代の生活サイクル」がインプットされているのですから、それは当然のことなのです。

すべての会話は「Pモード」から始めるべし

あるリサーチの結果をクライアントに報告したときのことです。

クライアントは当初よりこのプロジェクトに強い関心を寄せていました。私たちも入念なチェックと予行演習を済ませ、準備万端でプレゼンに挑みました。クライアントは一番前の席に座り、前のめりになって真剣に話を聞いていました。

(この提案こそ、クライアントが望んでいたものだから当然だな!)

たしかな手ごたえを感じたのですが、それも束の間、プレゼンを終えた瞬間にクライアントの表情はくもり、

「思っていたことと違うなぁ」

と不満を露わにしました。

後日、我々のプレゼンの、いったいどこがダメだったのか、反省しました。

そこで私は、1つだけ、大きな失敗をしていたことに気がつきました。

プレゼンを「緊張が張り詰めた空気」でスタートさせていたのです。

プレゼン開始時、クライアントは、特定の情報を得ようと集中している状態＝「Aモード」でした。集中力が高まりすぎていて、求めていた情報と入ってくる情報の「差異」ばかりが気になってしまったのです。

プレゼンも、相手が「Pモード」のときに始めるべきです。いえ、「講演」「宴会の司会」「会議」「上司への業務報告」……あらゆるコミュニケーションは、

「Aモード」の相手に向かって話を始めると、ロクなことにならない。

ということです。

私はクライアントが「Pモード」であると確認してから、プレゼンを始めるべきでした。

話をするときは、相手が「Pモード」になるまで待つ。これは、絶対ルールとして肝に銘じておきたいところです。

しかし、いつでもそれが可能とは限りません。ピリ

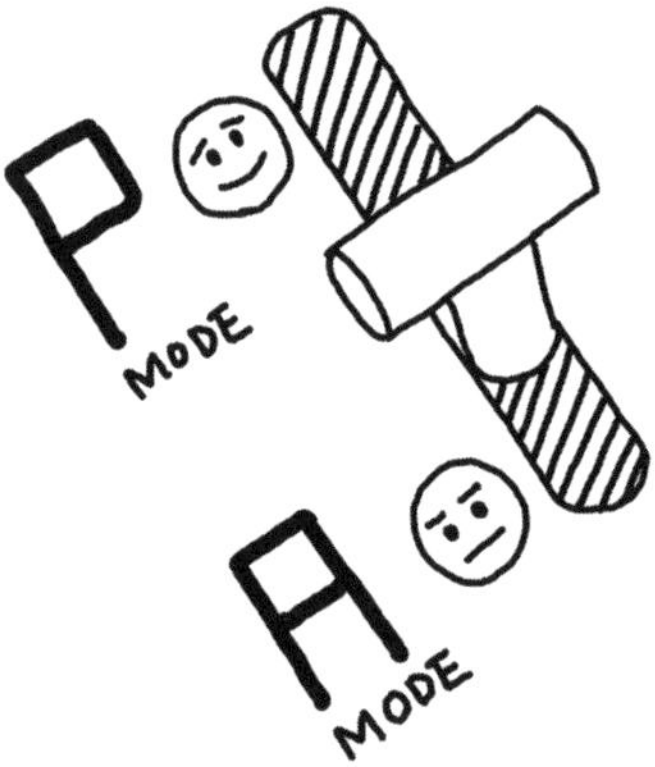

ピリとしたムードが漂う会議や、早朝からの大型プレゼンなど、「Aモード」の相手に、すぐ話さなければならないときもあります。

そこで紹介したいのが**「モードシフト」**というテクニックです。これを使えば「Aモード」にある相手を、半強制的に「Pモード」にシフトさせることが可能です。いくつかご紹介しましょう。

シフトチェンジ術①「アイスブレイク」

プレゼンは、話し手だけでなく聴き手も緊張しています。プレゼンがうまい人たちはそれを知っているので、冒頭に、場の緊張感をほぐす**「アイスブレイク」**を必ずやっています。

アイスブレイクは簡単です。**話をする前に、ほんの少しだけ、「本題と関係のない話」**

をするのです。

例をお見せしましょう。何億もの予算がかかった競合プレゼンで、数十人のクライアントを前にした大舞台だと考えてください。そこでCMプランナーがアイスブレイクを始めました。

「最初にちょっとムダ話をさせてください。あるIT企業が人間の「集中力の持続時間」を計測しているのですが、近年その時間がどんどん短くなり、ついに「8秒」になってしまったそうです。

いっぽうの金魚。金魚の集中力は、「9秒」とのことです。つまり、

『人間の集中力は、金魚以下』

になってしまったということです。※驚きました。

※　現代人の集中力持続は金魚以下！IT進化で激減（週刊ダイヤモンド編集部）
https://diamond.jp/articles/-/113465

え〜、本日は『金魚以下になってしまった人間の集中力』にも、きちんと届くような広告を考えてきましたので、よろしくお願いします」

もう一例、ご紹介しましょう。プレゼンは、午後の早い時間のスタートでした。

「わたくし、御社におうかがいするときは、いつも向かいの○○軒での食事を楽しみにしています。普段はオムライスを注文するのですが、本日はゲンをかついでカツカレーを食べてきました。もの凄くおいしかったです。すみません、本題に入ります」

こちらはオチもありません。しかし、だからこそ「Aモード」だった人々の意識をリラックスさせ、「Pモード」にリセットできたのです。

アイスブレイクはミーティング（打ち合わせ）でも使われます。あるプランナーは、会議室に入ったら、必ずムダ話を始めます。

「昨晩、乗り過ごして目覚めたら津田沼だったよ。今月2度目の津田沼だわ」

といった失敗談や

「暑くない？　この暑さでポロシャツの第一ボタンを閉めるキミは、いったいだれを目指しているの？」

といった「後輩イジリ」で場を和ませます。

このムダ話は盛り上がりすぎて10分以上続くこともあります。「生産性」の点から見れば問題があるように思えますが、チームには必要な「儀式」です。

なぜなら、他人の意見を柔軟に受け入れ、自由に交換しあえる状態、つまり「Pモード」でないと、いいアイデアが生まれないことを、メンバー全員が知っているからです。

シフトチェンジ術②「〇〇さんにお聞きしたいのですが」

次に紹介するのは、討論番組「朝まで生テレビ！」でよく見るテクニックです。議論が紛糾《ふんきゅう》してくるとなかなか発言できません。コメントの機会を得ても、すぐに横やりが入ってしまいます。そこで、発言の冒頭に「声が大きい人」や「話をさえぎってきそうな人」をあらかじめ名指しして、次のように伝えます。

「これは●●さんにも、お聞きしたいことですが……」

その一言で、先ほどまで興奮状態だった「厄介な●●さん」は、とたんに静かになります。また、ほかの人から話を中断されることもなくなります。

おもしろいのは、話を最後まで聞くと、結局**「●●さんに、お聞きしたいこと」は1つ**

も含まれていないのです。つまり、自分の意見を言い切るために、前置きで釘を刺したということです。

なぜ、この一言が、場の空気を一変させ、全員を聴く態度にさせたのでしょうか。これは心理学で説明できます。

まず、相手の名前を呼ぶことです。**「自分の名前」には鎮静効果があります。**人は興奮しているときでも、名前を呼ばれると冷静さを取り戻す習性があるのです。

たとえばあなたは、カスタマーサポート（お客様相談室）にクレームを入れたことはありますか？

その際、電話の向こうのオペレーターは、

「●●さんの、おっしゃる通りでございます」

「●●さん、ご迷惑をおかけしております」

と、ことあるごとにあなたの名前を呼んでいたでしょう。

「できる限りお客様の名前を呼ぶ」ことがマニュアル化されているからです

また、「お聞きしたいのですが……」という言葉も効果的です。人はだれもが「困っている人がいたら助けたい」という**「相互扶助本能」**を持っているのです。

じつは、司会者の田原総一朗さんがこのテクニックを一番使っています。熱くなっている議論を中断させるとき、田原さんは**「聞きたい！」**と叫ぶのです。

すると、「え？　なにを聞きたいんだろう？」と全員が静まります。その後は

「聞きたい！　なんで、●●は××なのか？　わかる？　僕は先日ね、安倍さんに会った、そこでね……」

と田原さんの話が続きます。一番しゃべりたかった

のは田原さんだったのです。
自分の発言を、最後まで注意深く聞いてほしいときは、

「これは●●さんのほうが、おくわしいと思いますが……」

などと、「前置き」するのがおすすめです。
だれもがじっくりとあなたの話に耳を傾けてくれるでしょう。

シフトチェンジ術③甘いもの

小売店では業態を問わず、売上アップのために苦心している、ある「命題」があります。
それは、「非計画購買の促進」です。つまり、

「いかに計画していなかったものまで、買っていただくか?」

ということです。お客様はあらかじめ、なにを買うか、ある程度決めてから来店します。

しかし、お店としては、

「あ、これもいいね!」「お? こんなの出たんだ!」

と、いろいろな商品に目を向け、たくさん買っていただきたいのです。そのため、来店時には、幅広く情報を受け入れる「Pモード」で来てもらうのが理想です。

あるショッピングモールでは、**入店時に「甘いもの」をプレゼントする**というアイデアが生まれました。

マイアミ大学の研究によると、**「甘いもの」を食べた買物客は、財布の紐がゆるみ、高額な商品を買ってもよい気分になる**ことが明らかになっています。血糖値が買物の判断基準をゆるくするのです。

私がよく行く、ある輸入食料品店では、店先でよくコーヒーの試飲をやっています。そのコーヒーが、なぜかとても甘いのです。もしかすると来店客に「Pモード」になってもらうことを狙っているのかもしれません。

「甘いもの」は、プレゼンでも効果を発揮します。

ある大御所のマーケティングプランナーは、**「プレゼンの前にアメ玉を配るといいぞ」**と言っていました。冗談だと思ったのですが、クライアントとのディスカッションに同席させてもらった際、

「これ、最近出たチョコレートなんです。ちょっと食べながらやりませんか」

と、本当に実践していたのです。

甘い物が、なぜ人のモードを変えるのでしょうか？

私はこの謎を紐解くために、人類の歴史250万年に及ぶ「狩猟採集時代」のワンシーンを覗《のぞ》いてみることにしました。

ある男が獲物を追っていたら、知らない森に迷い込みました。すると、森の奥から見知らぬ部族の集団が槍を持って現れました。すぐこちらに敵対心がないことを示さなければ、攻撃されるかもしれません。しかし、言語が違えば、共通のサインもありません。

そんなとき、男はどのような行動をとったのでしょうか。私なら、さっき採ったばかりの甘い果実を、そっと差し出したことでしょう。

（甘いものは、友好の印。警戒を解いても大丈夫）

我々の脳は古来より、そう感じるようにつくられているのでしょう。

相手を「Pモード」から「Aモード」に変える

ここまで、雑談を始める際は「Aモード」を回避することがいかに大事か、という話をしてきました。もしかすると、**『Aモード』って最悪の状態なの？」**と

思われたかもしれませんが、そんなことはありません。

「Aモード」は「情報の受発信に集中している状態」のこと。人がなにかを理解するときには必ず通過する「必要不可欠」なステップです。

人が情報を得る際の順番はこうです。

まず、「Pモード」で、広く浅く情報を受け入れます。次に、入ってきた情報から、自分に関係のありそうなものを選り抜きます。重要だと感じる情報を見つけたら、ここで「Aモード」が発動し、その情報にフォーカスして、精力的にそれを取り入れるのです。

つまり、**人がなにかに強い興味関心を抱いたとき、その人は必ず「Aモード」になる**ということです。これが、雑談で起きるとどうなるでしょうか。

「なにか、おもしろいことないかなぁ……」という気分（Pモード）

↓

そこに、新しい話が飛び込んでくる

↓

もし、その話に興味を覚えたら、もっと深く知りたい気持ちになる（Aモード）

あなたの話がおもしろければ、相手は、あなたの話に対して「Aモード」になります。

「雑談2・0」は、相手を「Aモード」にすることを目指します。「Pモード」の相手が、思わず「Aモード」になるような「おもしろい話」を伝えるのです。

ただし、たびたびしつこくて恐縮ですが、どんなに「おもしろい話」でも、話しかけていいのは、相手が「Pモード」のときだけ。まずは、相手が「Pモード」にいるか、チェックしなければなりません。

また、うまく「Pモード」のときに話しかけても、興味を持たれない場合もあります。それなのにダラダ

ラと話し続けたら、それこそ「KY」になってしまいます。
そこで、オススメしたいのが**雑談の「5秒ルール」**です。

雑談の「5秒ルール」

雑談の「5秒ルール」は次のようなものです。

1. 話題を集約した「フック（ツカミ）」となる言葉を投げる（5秒以内）

2. 引っ掛かった（反応が良かった）場合のみ、その話題の詳細「ナカミ」を続ける

まず、伝えたい話の「フック」になるセリフ＝「ツカミ」を相手にぶつけます。最初の一言だけですから、5秒もあれば十分でしょう。その一言で

（この話、興味あります？　なかったらやめますね？）

と、打診します。「ツカミ」が好反応だったら、そこで初めて「ナカミ」を話します。

相手が「Aモード」だったら、反応が悪いのですぐにわかります。また話題に興味がない場合もリアクションが弱くなります。5秒が**「安全弁」**として機能するわけです。

「5秒ルール」のメリットはほかにもあります。会話の**「分岐」**を用意できることです。「ツカミ」に対する相手の反応に合わせて、話題を変えられるのです。

本書の冒頭で、私はクライアントに「カレーとラー

①話題を集約したフック（ツカミ）となる言葉を投げる（5秒以内）
②引っかかった（反応が良かった）場合のみ、
その話題の詳細（ナカミ）を続ける

なんのための「5秒」か?

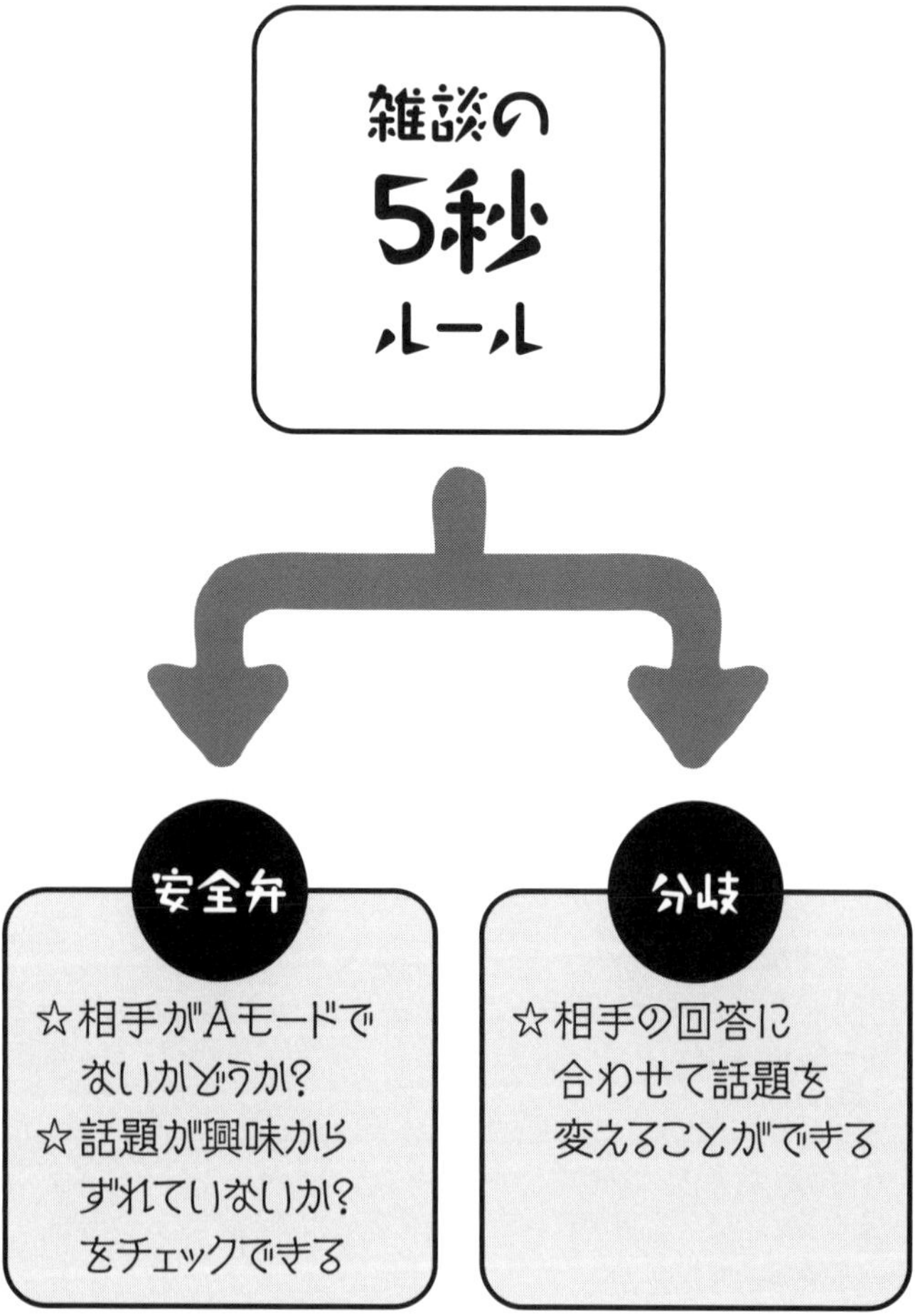
雑談の
5秒
ルール
安全弁
☆相手がAモードでないかどうか?
☆話題が興味からずれていないか?
をチェックできる
分岐
☆相手の回答に合わせて話題を変えることができる

メンのどちらが好きですか?」という質問を投げました。

じつはこのとき、**私は頭のなかで「カレー、ラーメン、中立」という3つの「話の分岐」を用意していました。**クライアントが「どちらか決められない」と答えたので、「中立コース」を選択し、その後の話を進めました。

でも実際は、クライアントの回答次第で、会話はカレーにもラーメンにも転がったというわけです。

「モヤモヤ→スッキリ」ルール

ほかの雑談本では、とにかく「質問をすること」が推奨されています。

たしかに「質疑応答」を絶え間なく繰り返せば、会話が途切れることはないでしょう。

しかし、これは一歩間違うと「街角のアンケート調査」のような、無味乾燥な会話になってしまいます。

重要なのは、質問することではありません。

相手の脳内に「モヤモヤ」をつくることです。

「モヤモヤ」とは、

「え？　それってどういうこと？」「わからない！」「知りたい！」

という気持ちのこと。相手の脳内に「Q＝クエスチョンマーク」をつくるのです。この「モヤモヤ」をつくることが、さきほど説明した5秒の「ツカミ」の目的です。同じ「Q」でも、「質問（Question）」というよりは「クイズ（Quiz）」に近いかもしれません。

「モヤモヤ」させられた相手は、一刻も早くそれを解消したくなるでしょう。そして、あなただけが知っている話の「ナカミ」＝「答え（Answer）」を知って、「スッキリ」したくなるはずです。

どんな話をするにしても、一度相手をモヤらせて**「モヤモヤ→スッキリ」**の流れをつくる。これが「雑談2・0」の基本形です。

たとえばダイエットの本を読んで、そこにあった、

「コーヒーにグラスフェッドバター※とMCTオイル※※を入れて、朝食代わりに飲むバターコーヒーダイエット」

を実践し、見事にやせたとします。

この話を、**「ツカミ＝Quiz」と「ナカミ＝Answer」**に分別し、**「モヤモヤ」**から**「スッキリ」**が発生するように落とし込んでみると、次のような会話になるでしょう。

「バターを飲んで、5キロやせたわ」（ツカミ）

「え！　バター飲むって、ど、どういうこと!?」（モヤモヤ）

「バターコーヒーってあるじゃない？　最近、流行りのやつ。あれを朝食代わりに飲み始めたのよ。そうしたら昼の3時くらいまで一切空腹感がないの！　結果、一日一食で満足できるようになっちゃった！」（ナカミ）

※　牧草だけを食べて育った牛からつくったバター
※※普通の油よりも消化されやすいとされる中鎖脂肪酸が主成分の油

「まじか！　バターコーヒーすげぇ！　もっと教えて！」（スッキリ）

なぜ「モヤモヤ」→「スッキリ」の形にすることが大切なのでしょうか。

最大の理由は、相手にあなたの話を覚えてもらうためです。

昨今、学校教育では「アクティブラーニング」が注目されています。アクティブラーニングとは、グループワークや自由研究などを通じ、子どもたちに主体的に学んでもらう学習法のこと。最近の研究では、先生の話を聞くだけの「座学」より、何倍も記憶の定着率

がよいことが判明しました。

このアクティブラーニングの（Active）と、「Aモード」の（Active）は同じ意味です。**自発的に「知りたい！」と感じなければ、その情報は記憶に残りません。**一度、脳を「フル回転」してもらう必要があるのです。

「モヤモヤ」状態をつくり、向こうから情報を取りに来させる。そうすれば、会話をしたことが、相手に残りやすくなるということです。

いまから私が、会社の先輩を相手に、宝くじ売り場の前で、「モヤモヤさせる話」をします。私の先輩になったつもりで「モヤモヤ」してみてください。

「一等前後賞合わせて10億円かぁ……いいなぁ」

「いいですねぇ。もし10億円当たったら、受け取りは、銀行になるそうです。

これは聞いた話ですが、当せん金をもらう際、高額当選者がとりがちな『ある行動』があるんですけど、ご存じですか？」

「えっ？　高額当選者の行動？　なんだろう？」

「それほどの大金なので、用意するには何日か時間がかかるそうです。そこでまずは10億円を『現金』で欲しいか、『預金』にするかを聞かれると思います。先輩ならどうします？」

「う～ん、とりあえず、預金かなぁ。持ち歩くのは危なすぎるし……」

「ただそれだと10億円が当たった実感がないじゃないですか。せっかくリッチになったんだから、その喜びを噛みしめたくないですか？　先輩ならどうします？」

「そうだなぁ……あっわかった！　ちょっとだけお金を下ろす？」

「そうです！　私もそうします！　じつはですね……１００万円までなら、当日受け取れるそうです。だとしたら……どうします？」

「も、もしかして……現金100万円を、持ち帰るとか……」

「そうなんです！ 『100万円を当日お持ち帰り』するんだそうです！ これ……やばくないですか？ 当せん金10億円は口座にいれたまま、100万円の札束をふところに入れて銀行を出る。そのときの気分たるや……。この話を聞いたとき、うらやましすぎてどうにかなりそうでしたよ」

「いやいや、今、オレがそうなってるよ。ちょっと、宝くじ買ってくる！」

「モヤモヤ」から「スッキリ」まで、かなりひっぱってみましたが、いかがでしたか？

その分だけ、先輩の頭には「100万円で豪遊するシーン」がクッキリと刻み込まれたことでしょう。

コラム

買わせるメソッド「投げ→受け→押し」

みなさんのなかに、販売の仕事をしている方はいますか？　ここでお伝えする「フレーム」を使えば、あなたの扱っている商品は、すぐにバカ売れするでしょう。

そのフレームの名は**「投げ→受け→押し」**。私が長年の経験をもとに独自に開発した「これさえやれば商品が売れる」という絶対ルールです。

そもそも、「買い手」は、どうやって購入に至るのでしょうか。

ＡＩＤＭＡ（アイドマ）やＡＩＳＡＳ（アイサス）といった「消費行動モデル」をご存じですか？　残念ながら、私はこれらの有名なフレームを使いこなすことができませんでした。なんといっても、買い手は、我々が発信する情報になかなか聞く耳を持ってくれないのです。

そこで着目したのが、この章で説明した買い手の「モード」です。

「Pモードの買い手に『はてな？（Q）』マークをつくればいいんだ！」

この発見から、販売の勝ちパターン「投げ・受け・押し」モデルが完成しました。ぜひお試しください。

投げ：買い手の興味を惹くフックとなる言葉（Ｑｕｉｚ）をつくり、Ｐモードの買い手に投げかけます。買い手の脳内に「モヤモヤ」が発生します。

受け：「モヤモヤ」を「スッキリ」とさせたくなった買い手は「Ａモード」になり、自ら情報を取りに来ます。そこで商品の訴求ポイント（Ａｎｓｗｅｒ）を伝えます。

押し：買い手は、購入するかどうかを迷う状態＝「Ｔモード」（Thinking、熟考）に入ります。そのタイミングで「いま買わなければダメ」「ほかの商品ではダメ」な理由（Decision）を伝え、買い手の背中を押します。

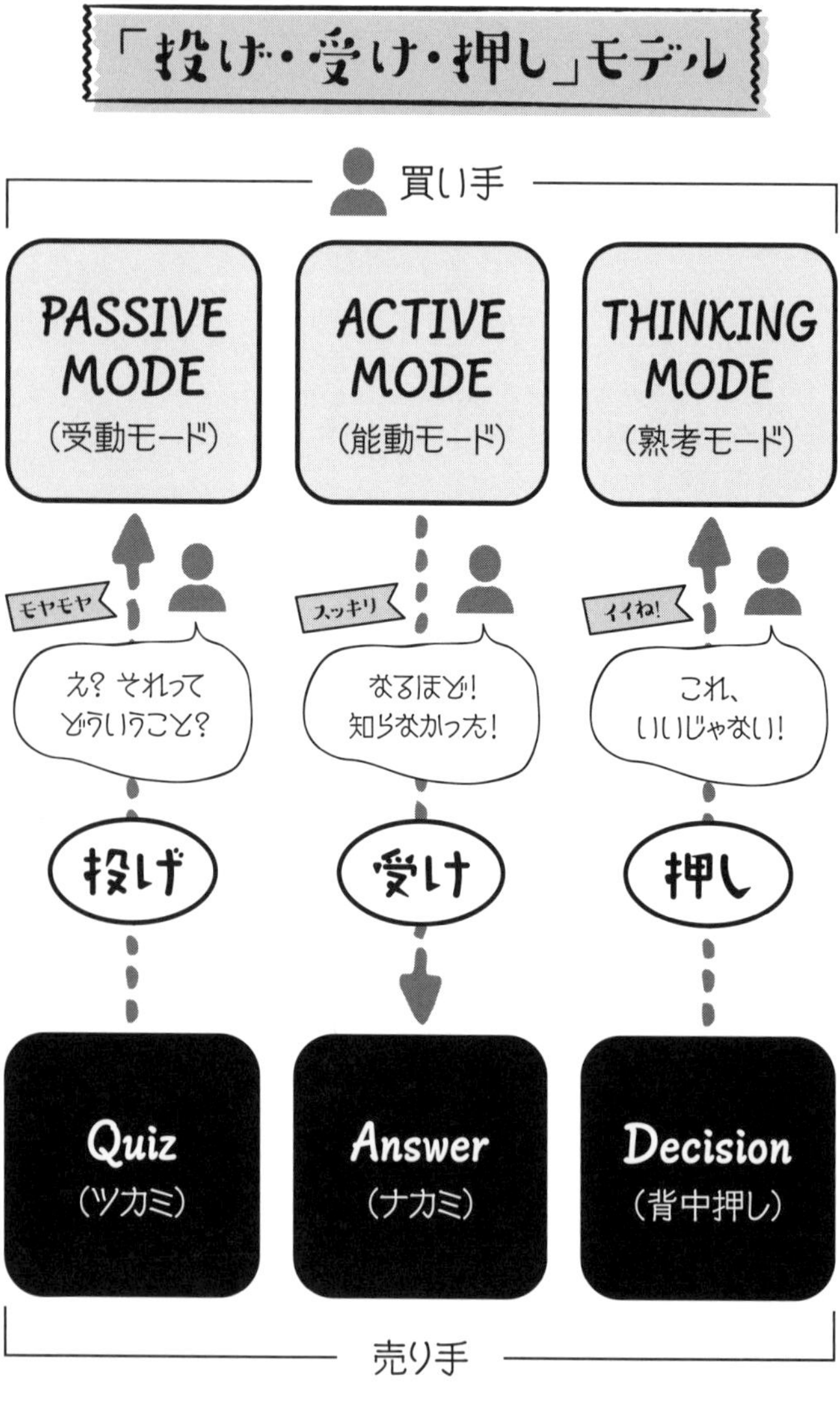
「投げ・受け・押し」モデル
買い手
PASSIVE MODE
（受動モード）
ACTIVE MODE
（能動モード）
THINKING MODE
（熟考モード）
モヤモヤ
スッキリ
イイね!
え? それって どういうこと?
なるほど! 知らなかった!
これ、いいじゃない!
投げ
受け
押し
Quiz
（ツカミ）
Answer
（ナカミ）
Decision
（背中押し）
売り手

第3章

雑談の「テクニック」

～結局、話し方のコツを知ってる人がうまくいく

おさらいしましょう。おもしろい話には3つの「ルール」がありました。

1.「Pモード／Aモード」……相手が「Pモード」のときに話す

2.雑談の「5秒」ルール……最初の5秒で「ツカミ」を入れる

3.「モヤモヤ→スッキリ」ルール……相手の脳内に「?」をつくる

しかし、我々は「すべらない芸人」ではありません。的確な「ツカミ」や「モヤモヤ」を連発するのも簡単ではないでしょう。そこで、ちょっとした工夫で会話をグレードアップできる「ちょい足しワザ」をご紹介します。

ちょい足しテク①

「100% & 断定」

先日、満員電車に乗っていたときのことです。突然「じりりりりりりりん！」と、けたたましい音が鳴り響きました。だれかが、携帯電話をマナーモードにすることを忘れたようです。

その着信音は「黒電話」でした。スマホの持ち主は前に座っていた学生風の男性。彼はあわてて電話に出ると、小声でささやきました。

「いま電車やから、後でかけなおすわ」

その関西弁を聞いた瞬間、私はこれを「雑談ネタ」にしようと思いました。そして次のような「ツカミ」を考えました。

「スマホの着信音を『黒電話』にしている人は、『100％』大阪の人である」

この男性は、なぜ数ある着信音から「黒電話」を選んだのか。そこには笑いにこだわる大阪ならではの狙いがあったと考えられます。「スマホから黒電話の音がする」、これは、ある種の「ボケ」に相当します。もし、隣に同じ大阪出身の友だちがいたら、

「お？　黒電話かぁ懐かしいなぁ……って、スマホかーい！」

と、「ノリツッコミ」を入れてもらえるかもしれません。

「彼らは大阪に生まれた瞬間から、スキあらば笑いを取ろうとする宿命を背負って生きているんです。スマホの着信音を選ぶときでさえ、『ボケる』ことから、逃れることはできないんですよ」

じつを言うと、「着信音を『黒電話』にしている関西出身者」に出会ったのは、たったの3人です。「100%」は「決めつけ」でしかありません。

しかし、ここで**「大阪の人に多い気がする」**という言い方だったら、「ふ〜ん」とスルーされてしまいます。「100%」と断言するからこそ、

「おい！　大阪のこと知らんくせに！（笑）」
「この人、なんか変なこと言い始めたよ（笑）」

と、聴き手を巻き込めるのです。この雑談ネタは次の手順で出来ています。

◉（観察）電車内で「黒電話」の音を鳴らした人が関西弁を話した。
↓
◉（推察）大阪の人だろうか？　彼らはスマホの着信音も「笑い」につなげてしまうのだから。
↓
◉（断定）スマホの着信音を「黒電話」にしている人は、「100%」大阪の人である。

雑談ネタをつくるには、まず周囲の人を**「観察」**します。違和感のある人を見つけたり、何らかのアクシデントが起きたら、なぜそうなったのか**「推察」**します。そこで得られた

憶測を**「断定」**形で話します。たとえば、

●（観察）スマートフォンの画面が割れている人が、鼻をすすっていた。

←

●（推察）画面割れを放っておくとそこから雨水が入ったりして故障につながるかもしれないのに、なんで修理しないのだろう……。そういう「予防意識」が低いから風邪なんかひくんだよ……。

←

●（断定）スマホの画面が割れている人は、つねに風邪気味。

こんな言い方ばかりしていると、かなりの「ひねく

れ者」だと思われてしまうかもしれません。でもそれが狙いなのです。これを聞いた人は、

「いや、おれもスマホの画面が割れてるけど、風邪ひいてねーぞ（笑）」

と、極めて「良識的な立場」から会話に参加できます。

みんなが「いい子ちゃん」で進む会話ほど、つまらないものはありません。ヒール（悪役）がいないプロレスのようなものです。

おもしろい話をするなら「悪役」を選びましょう。

相手に「正義の味方」になってもらい、「ズバーーーッ!!」と斬ってもらえたら大成功です。

これはつまるところ「自己犠牲」です。「自分が泥をかぶってでも、目の前の会話をおもしろくしたい」

という「サービス精神」の表れなのです。

ちょい足しテク②

「ナンバーワン」

英会話のレッスンの後、アメリカ人の講師が飲みに誘ってきました。

どうせなら、外国にはない、日本らしい雰囲気の店がいいだろうと、阿佐ヶ谷の飲み屋街にある立ち食い焼鳥に連れて行きました。「安くておいしい」と評判の店ですが、焼鳥を食べた瞬間の講師の喜び方は尋常ではありません。

「Best in the world!（世界一だ！）」

と大絶賛するのです。

（こんなに喜んでくれるのは嬉しいけど、大げさだなぁ……）

と思ったのですが、聞くところによると、欧米人は**「褒めるときは、徹底的に褒める」**

傾向があり、「これが、人生のベスト1だ」と宣言することはよくあることなのだとか。これは、真似をした方が良さそうです。

たとえば、他人の家におじゃまして麻婆豆腐《マーボー》をご馳走になったら、

「いままで食べた麻婆豆腐で『3本の指』に入りますよ！」

と褒めちぎるでしょう。しかし、これでは褒め不足です。だいたい「3位以内」などと正直な順位を伝えることになんの意味があるのでしょう。ここは欧米人にならって**「ナンバーワン」**で絶賛します。

料理をゆっくりと味わったら、いったん箸を置いてこう告げます……。

「1つだけ文句を言ってもいいですか……こんなに

おいしい麻婆豆腐を食べたら、もうほかの麻婆豆腐が食べられなくなってしまうじゃないですか！」

ある家電量販のコンサルタントは、販売員にこうアドバイスしていました。

「『売上1位！』という事実があれば、必ずお客様に伝えてください。『ナンバーワン』ほど伝わりやすく、魅力的な言葉はないからです」

個人的なおすすめは、**なんでも「1位」にしてしまうトーク**です。

たとえば、「最近、家庭のトイレでは〈小〉を座ってする派の男性が急増している」というニュースを見たら、

「『夫が便器に座ってくれないこと』が、離婚の原因の1位に輝いたらしいね」

と伝えます。もちろん、そんな調査結果はありません。それでも、

「何十年もトイレ掃除を続けた妻から、定年退職の瞬間に三行半を叩きつけられる。そんな例が多発してるんだってね」

と、自信たっぷりに続ければいいのです。

お気づきになりましたか？　**雑談のためならウソをついてもいいのです。**

なぜなら、それを聞いた相手も、**（この人は場を盛り上げるために、いろいろ「ぶっとんだ言い方」をするなぁ）**

とわかってくれるはずです（冗談が通じない人も、ときどきいますが）。

たとえば酒の席で「お酒はよく、お飲みになるんですか？」と聞かれた場合、あなたが少量でも毎日飲んでいるなら、次のように返すのが正解です。

「はい！　毎日飲みます！　大好きです！　ただ、最近気になっていることがありまして……お酒を１日で

も止めると、手先が痙攣《けいれん》してくるんです。これってなんですかね？」

ちょい足しテク③

「○○説」

人はだれでも「持説」を持っています。持説を他人に話すと、そこから楽しい会話に発展することもあるので、雑談の達人は「持説」をつねにストックしています。

「ゴールデンウィークは、絶対に寒い説」

「ゴールデンウィークが暖かい、というのがそもそも幻想なんだよ。賭けてもいい。来週あたりの天気予報で、お天気キャスターが『来週のゴールデンウィークですが、あいにく寒くなりそうです』って必ず言うから」

「宴会の最後に幹事が『宴も高輪プリンスホテル』とダジャレを言う率は約30％説」

「経験上、３人に１人は言うね。そして、それがウケる可能性はゼロだ。あの幹事はおそらく言うタイプだ。チェックしてみよう」

「○○説」はある日突然、生まれます。

それはマンガ『孤独のグルメ』（扶桑社）の原作者、久住昌之さんのエッセイを読んでいたときのことでした。久住さんは藤子不二雄Ⓐの『まんが道』（小学館）に出てくる「トキワ荘」の「家飲み」を自宅で再現しているそうです。

貧しい青年たちの定番メニューが、焼酎をサイダーで割った「チューダー」と、**キャベツを炒めただけの「キャベツ炒め」**でした。そのレシピを綴《つづ》った久住さんの一節が、あまりにも強烈だったので紹介します。

さて、アテだが、まずはキャベツ炒めですね。彼らの宴会食の定番。

ボクも大好きだ。肉もジャコも桜えびもいらない。キャベツのみ炒める料理。ボクはオリーブオイルで炒めてる。オリーブオイルを熱して、鷹の爪を一本入れる。そこにざく切りにしたキャベツを入れてジャーッと炒め、塩コショウして、しなしなにならないうちに皿にあける。これだけ。超簡単。でも超ウマい。キャベツの甘みが塩で引き立てられて、そこにほんのり鷹の爪の辛味が加わって、歯ごたえもいいし、抜群のツマミ。

これがまたチューダーと、たしかに合うんだ！

どっさり作っても、飲みながらペロッと食べちゃいますよ。半玉くらい。※

私はこれを読んだ瞬間、スーパーに出向いてキャベツを買い、まったく同じ手順で「キャベツ炒め」を作りました。冷蔵庫には、卵やベーコンなど、キャベツに合う食材がいくつも入っていましたが、それらを投入したい誘惑を断ち切り、正真正銘の「キャベツだけのキャベツ炒め」を完成させたのです。そこには、かつて到達したことのない「究極のおいしさ」が存在していました。

※『ひとり家飲み通い呑み』（久住昌之／日本文芸社）

その瞬間、新たな持説＝**「単一材料最強説」**が生まれました。

思い起こせば、行きつけの中華料理店で必ず頼んでいたのが、「黄ニラ炒め」でした。その名の通り、黄ニラを炒めただけの料理です。しかし考えてみれば、これよりおいしいニラ料理を食べたことがありません。

ラーメンも同じです。トッピングを追加するたびに、本来のラーメンのおいしさが損なわれるような気がしていました。「トッピング全部入り」に至っては、ラーメンの味が完全に死んでいます。

「材料を1つに絞るからこそ、素材のうまさに、味覚が集中する」

どうしてこんな簡単なことに気がつかなかったのでしょう。

私はこの「世紀の大発見」を飲み会の席で大々的に発表しました。

ところが、「それはない」と、全員から一蹴されてしまったのです。

みんなの反論は次の通りです。

「それは黄ニラだからですよ。普通のニラは、単独じゃ戦えません」

「ニラ炒めよりも、肉ニラ炒めのほうが明らかにおいしいだろう」

「だいたいニラ玉とか、めちゃくちゃウマいじゃん！　材料2つだぞ！」

なるほど、考えてみれば、「肉ニラ炒め」のほうがおいしそうですし、酎ハイのアテに、「ニラ玉」に勝るものはありません。

しかし、私は引き下がりませんでした。

「じゃあ、材料3つは？　たとえば、『肉ニラきのこ炒め』とかマズそうでしょ？」

「味がボケる」という現象は、材料「3つ」以上で発生するのではないか？　と「説」を修正したのです。たとえば、

◉チャーハン

◉キムチのチャーハン

◉キムチとチャーシューのチャーハン

「キムチのチャーハン」はおいしそうですが、「キムチとチャーシューのチャーハン」は

材料過剰状態にあり、素材どうしがケンカを始めてしまいます。

「わかったよ。『材料2つ限界説』は採用するよ（笑）」

最後はしぶしぶ賛同してもらいましたが、かなり面倒くさいヤツだと思われたかもしれません。

「○○説」を発表すれば、「それ、わかる！」と共感されることもあれば、このように思い切り反対されることもあります。

しかし、それでいいのです。相手と一緒に、バカバカしいことについてくだらない議論をする。その過程を楽しむことが、「○○説」の目的だからです。

ちょい足しテク④

「1つだけ」

みなさんはスピーチをしますか？　長時間の講演ではなくても、冠婚葬祭、職場での挨拶、自己紹介など、数分程度の短いスピーチをする機会はあるでしょう。

大勢の前でしゃべるのは緊張しますし、スムーズに話せるか、話題が適切か、好印象を与えられるか、いろいろと不安になる人もいるでしょう。

ところが、いまからお伝えする、ある **「メソッド」** を使えば、明日からスピーチの出来を、格段に上げることができます。流暢《りゅうちょう》に、自信たっぷりに話せて、緊張することさえなくなります。聴衆はあなたの話に耳を澄ませ、スピーチの後には、拍手が鳴りやまないことでしょう。

私はさまざまなスピーチ上達法を勉強しましたが、この **「メソッド」** 以上に、簡単で即効性がある方法を知りません。逆にこの**「メソッド」**さえ知っておけば、その他のテクニックは一切不要です。

先日、友人が「今度、結婚式でスピーチをするんだけど、緊張するなぁ」と言っていたので、この**「メソッド」**を教えてあげました。すると、まったく緊張することなく話せて、しかも全員に大ウケしたそうです。「かつてない大成功だった」と感動していました。

この**「メソッド」**は「プレゼン」でも有効です。アメリカの有名なプレゼンテーションのカンファレンスである「ＴＥＤ」でも、スピーカーは全員この**「メソッド」**を使っています。広告業界でも、プレゼンに常勝しているトップクリエイターたちで、この**「メソッド」**を知らない人を見たことがありません。

「いいから、早くその**「メソッド」**とやらを教えろ」と、そろそろお叱りの声が聞こえてきそうなのでこの辺でやめておきますが、その**「メソッド」**をお伝えする前に、まずは、いまから10年以上前に定年退職された、あるクリエイティブディレクターの「退職の挨拶」をお聞きください。

「こんな老いぼれから、大変おこがましい話だけれども、若い君たちに最後、1つだけアドバイスをさせてください。私は、キミたちの活躍ぶりを見ていて、本当に凄いと思っています。ほとんどパーフェクトといってもいい。ただ〈1つだけ〉、君たちに欠けているものがある。それは『謙虚さ』です。

『謙虚』というと、自分の力を抑えるとか、下手《したて》に出るとか、弱気なイメージを抱くかもしれません。でも『謙虚』は、もっともパワーを使うことなんです。そして君たちのように、大活躍している人こそ『謙虚』になることは難しい。

私は、若くして成功している人が挫折するケースも、逆に大器晩成というような人もたくさん見てきた。その明暗を分けるのは、間違いなく『謙虚』なのです。

おそらくいまは実感がわかないかもしれない。でも、この二文字だけは忘れないでほしい。仕事がうまくいかない。生きづらい……と感じることがあったら、『そういえば、どっかの爺《じい》さんが謙虚がどうしたとか言ってたな……』と思い出してもらえれば幸いです」

スピーチを上達させる最強の**「メソッド」**。それは**「1つだけ残す」**ということです。

「スピーチが緊張する」という人に朗報があります。人はあなたの話を聞いているようで、ほとんど聞いていません。聞いてくれたとしても、スピーチの直後からもの凄いスピードで忘れられ、二週間もすればほぼ記憶から姿を消します。

つまり、スピーチほど「ムダな作業」はないのです。すべて一瞬で消え去ってしまう。そんなことに緊張するだけ損です。

それなのに、「言い間違いがあってはならぬ」「中身を忘れてはならぬ」と完璧にやろうとするから不安な気持ちになるのです。

逆に考えてください。

99・99％が忘れ去られるスピーチで、もし、なにかの「言葉」を聴衆の心に「1つだけ」残すことができれば、それは奇跡ではありませんか？

スピーチを**「1つだけ残すゲーム」**だと思ってチャレンジすればいいのです。

雑談もこれと同じです。

「無言の時間」が訪れたら、

「このスキに、なにか1つだけでも、爪痕を残してやろう」

と思えばいいのです。

きっと話すことが楽しくなってくるでしょう。

コラム

なぜ、あの2人は仲が良いのか？

あなたの周りに、取引先や、年の離れた上司や先輩と、まるで友人のように親しく話す人はいませんか。彼らはどうしてあんなに仲が良いのでしょう。観察を重ねた結果、いくつかの「仲良くなるツボ」が見えてきました。

仲良くなるツボ① 「ちょいタメロ」

取引先や上司・先輩には敬語を使うのが基本です。しかし、敬語には「心理的な距離」をつくるという難点があります。

そこで、失礼にならない程度に「タメ口」を入れてみます。

それだけで、「あなたに親しみを感じています」「仲良くなりたいです」というメッセージになります。

次のような状況はチャンスです。ぜひ挑戦してみてください。

◉独り言を言うとき

「先輩と話せて、本当に良かったなぁ」

「いやぁ、今日、ほんと楽しすぎだわ」

◉感嘆符をつけて

「えっ!?　すごく可愛いんだけど!!」

「いやぁうまい!!　このお酒、どこのだろう!?」

◉ツッコミをするとき

「いやいや、おかしいから（笑）」

「おいこらやめろ（笑）」

◉敬称と一緒に

「センパイ！　今日ランチ行ける？」

「はいこれ、部長の分！」

仲良くなるツボ②「不幸の開示」

「あの人の年齢は？」「結婚している？」「子どもはいる？」

そういったプライベートなことには、なかなか踏み

込めないものです。しかし、これらを簡単に聞き出す方法があります。こちらから情報を**「開示」**するのです。

人には**「返報性」**の心理があります。プライベートを公開してくれた人には、こちらも話そうという気になるのです。相手の年齢が知りたいなら、先に自分の年齢がわかる話をすればいいのです。

ここで注意したいのは、**開示は「不幸、苦労、失敗談」に限定し、「幸せ、自慢、成功談」を徹底して避ける**こと。たとえば、こんな開示ならばＯＫです。

「来月で45歳になるのですが、貯めていた結婚資金を、婚活で使い果たしました」
「うちは夫婦の会話は皆無です。どうしても必要なときは、犬を通じてやっています」
「50歳を超えたころから、日の出より早く起きるようになり……仕方なく、朝活を始めました」

ときどき、「自分の配偶者がどれだけ素敵か」、「住んでいる家がどれだけ広いか」などについて、ご丁寧に写真まで見せつけて自慢してくる人がいますが、そういうのは、親しい友人の間だけでやっていただきたいものです。

仲良くなるツボ③ 「現在進行ネタ」

「○○さん、最近、調子どう?」

「いやぁ、先週の円高で爆死ですよ」

エレベーターホールで、クライアントと親しげに話している営業マン。よくよく聞いてみれば**「投資」**の話でした。

毎日のように情報が更新され、会う度に話せる話題を**「現在進行ネタ」**と言います。

「株・投資ネタ」は、相場の急な値動きや企業の合併など、新しいトピックスが毎日のように発生している「現在進行ネタ」です。株に興味がある相手となら、話題が尽きることはないでしょう。

「政治」も、日々の動きが活発な、「現在進行ネタ」になり得ます。「政治の話題は、思想信条の違いがあると良くないのでタブー」とされることもありますが、政治に関心がある人はとても多いのです。無難な話題から、話を振ってみてもいいかもしれません。

「共通の趣味」も最高の「現在進行ネタ」になります。そのなかでも、

私が思う最強の趣味ネタが、「オタク活動」についてのネタ、略して「オタ活ネタ」です。

アイドルグループやアーティストの熱狂的なファンは、**「最近どんなイベントに行った？」「そのときのセトリ（曲順）は？」**などと、つねに緊密な情報交換をしています。

もし、相手と「オタ活ネタ」を共有できる関係になったら……？

これ以上に強いカードはないでしょう。

第4章

雑談の「コンテンツ」

～結局、話題が豊富な人がうまくいく

ネタだけ提供し、相手に話させる

雑談において、相手と自分、より多く話すべきはどちらでしょうか？

これは、多くの「話し方教室」の先生が教えているように、相手にたくさん話してもらうのが正解です。

他人の話を聞くのは、案外疲れます。会話をする際には……

「話すのは快楽、聞くのは苦痛」

くらいに思っておいたほうがいいのです。

もし、相手が話したそうであれば、迷わず「聞き役」に回りましょう。会話量の配分は**「相手8：自分2」**くらいを目指したいところです。

しかし、ここで間違えてはいけないことがあります。**雑談の「話題」＝（ネタ）の量も「相手8：自分2」ではないということです。**

相手にたくさん話してもらうには、会話が盛り上がらなければなりません。

「その話、おもしろいですね！」

と、相手が身を乗り出して、どんどん話したくなるような話題（ネタ）を、こちらで用意しておく必要があるのです。

私たちが身につけたいのは「武器になる雑談（雑談2・0）」です。

あなたの話を聞いた相手に、**「新しいことを知る喜び」＝「知的興奮」**を提供しましょう。

「ネタ」は、多ければ多いほどよく、最低でも一般的な人の4倍程度は持っておきたいところです。つまり

話す割合は、相手8：自分2
ネタの量は、相手2：自分8

これを理想的な比率とします。

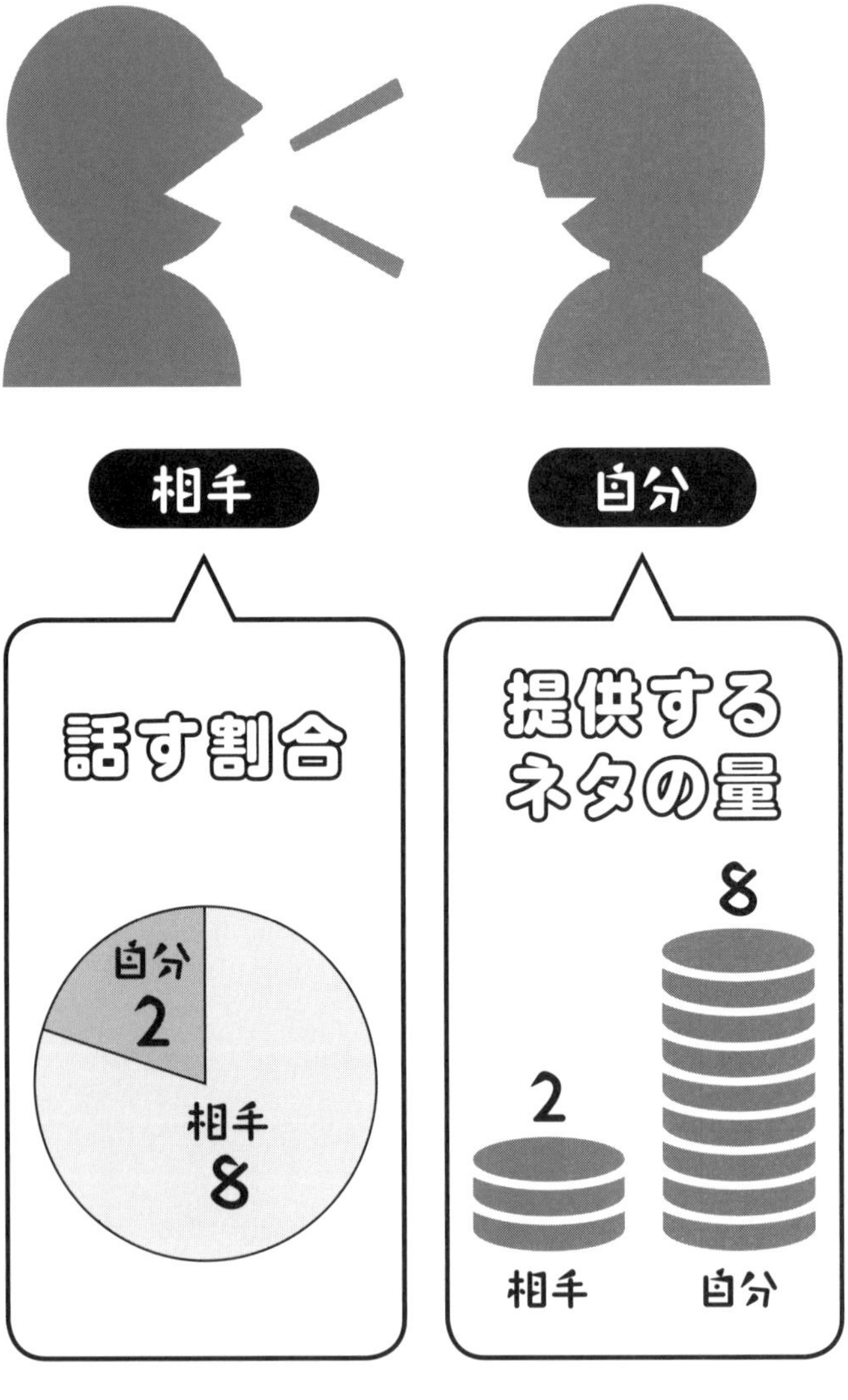
相手
自分
話す割合
自分
2
相手
8
提供するネタの量
2
8
相手
自分

しかし、いざ雑談ネタを探し始めると、相手に「おもしろい！」と思ってもらえるネタを見つけるのは、意外に難しいことに気がつくと思います。

そこでこの章では、まず、「おもしろい！」とはどういうことなのかを理解したうえで、具体的にネタを集める方法をお伝えします。

「おもしろい！」の正体

私たちが目指すのは「おもしろい話」です。しかし、そもそも「おもしろい！」とは、どういう感情なのでしょうか。

「電通　感性工学ユニット」は、工学院大学の椎塚久雄教授の監修を受けて『そそるマーケティング』（ダイヤモンド社）を上梓《じょうし》しました。

そこでは、相手がもともと持っている知識を〈ストック〉、こちらが相手に伝える情報を〈ニュース〉と言います。会話は、まず相手の脳に、こちらが話しかけた言葉＝〈ニュース〉がインプットされるところから始まります。

すると、**〈ストック〉と〈ニュース〉が、情報交換を始めます。**ここで**「発火」**が起きた場合、この情報交換が大量に行われ、**「脳内会話」**が発生します。これが、「おもしろい！」と思っているときの脳の状態です。

「感性工学ユニット」は大量の広告・販促の過去事例を研究し、そのときの消費者の反応を分析しました。その結果、脳内で発火が起きやすい、**「4つの脳内会話」**があることがわかりました。

本書ではそれを応用し**「雑談のネタマトリクス」**にしてご紹介します。

1．なるほど！ネタ（思っていた×知識あった）

「相手の知識をパワーアップ」

興味関心を向けていたことを、さらに深めてくれるネタ。

持っていた知識がパワーアップされ、「なるほど！」と言いたくなる。

情報
知識
○△××○○
△□×○○×
脳内会話
知識
情報
発火

2. ギャップ！ネタ（思っていなかった×知識あった）

「常識をくつがえす」

当たり前、常識だと思っていた知識と真逆のネタ。

「思っていたこと」がくつがえされ、驚きの「ギャップ！」を感じる。

3. すっきり！ネタ（思っていた×知識なかった）

「曖昧《あいまい》な知識を整理する」

関心はあるのだが、曖昧だったことを、整理してくれるネタ。

ぼんやりしていたことがまとまって、「すっきり！」を感じる。

4. へぇ〜！ネタ（思っていなかった×知識なかった）

「まったく新しい世界を見せる」

まったく意識していなかった、新しい世界を見せてくれるネタ。

「知的好奇心」が刺激され、「へぇ〜！」と興奮してしまう。

雑談のネタマトリクス

すっきり!ネタ

関心はあるのだが、曖昧だったことを、整理してくれるネタ。ぼんやりしていたことがまとまって、「すっきり!」を感じる。

なるほど!ネタ

興味関心を向けていたことを、さらに深めてくれるネタ。持っていた知識がパワーアップされ、「なるほど!」と言いたくなる。

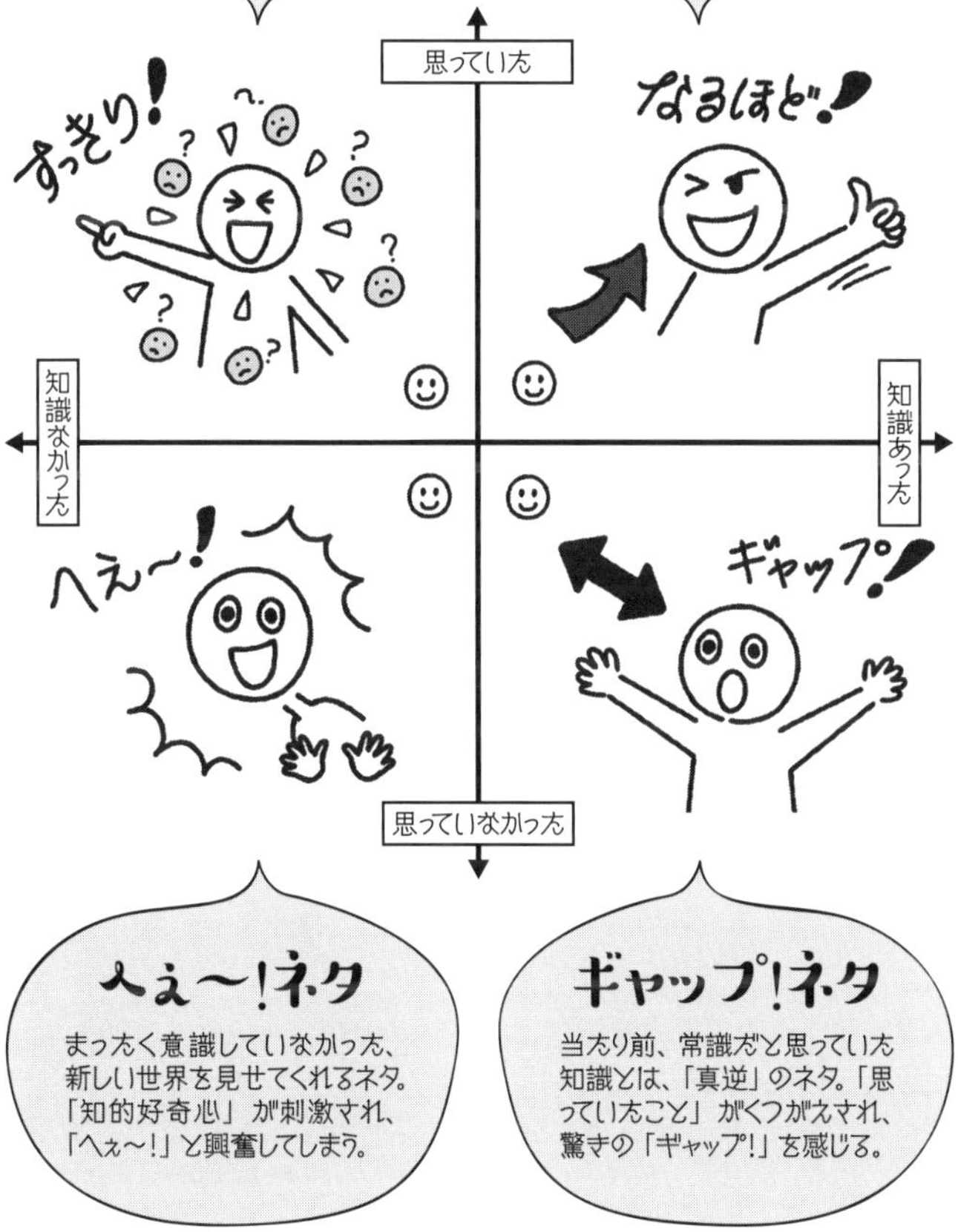

へぇ〜!ネタ

まったく意識していなかった、新しい世界を見せてくれるネタ。「知的好奇心」が刺激され、「へぇ〜!」と興奮してしまう。

ギャップ!ネタ

当たり前、常識だと思っていた知識とは、「真逆」のネタ。「思っていたこと」がくつがえされ、驚きの「ギャップ!」を感じる。

たとえば、「私は犬が好きで、全部で10匹飼っているんです！」という話。10匹の犬と暮らす生活など、どんな様子なのか**「知らない」**し、**「思ったこともない」**ので、**【へぇ〜！ネタ】**になります。

「英語がペラペラの同僚のAさん、すべて独学で身につけたんだって！」という話であれば、みんなが**「知っているAさん」**のイメージを**「思ってもいなかった」**方向にくつがえす話題なので**【ギャップ！ネタ】**になります。

第3章で「最初の5秒でツカミを入れる」という雑談のルールをお伝えしました。これは、**相手の脳内で「発火」が起きたかをチェックしているのです。**

「発火」が起きない理由はさまざまです。たとえば、「こんな話、ご存じでした？」と話を振ったら、「知ってます」と返答される……つまり相手の知識（ストック）を読み間違えていた場合。あるいは「ギャップ」を狙って芸能ネタを話したけど、そもそも芸能界に興味がなかったというように、「嗜好性」が違う場合もあるでしょう。

この4パターンを知っておくと、情報に触れたときに、**（この「ギャップ」はネタにな**

るな）とか、（**この話、まさに【へぇ〜！ネタ】だな**）と、ネタ集めの「アンテナ」を張ることができます。雑談ネタの収穫量も増えるでしょう。

それでは、ここから具体的に「4つの雑談ネタ」と、その仕入れ方をお伝えします。

なるほど！ネタ（思っていた×知識あった）

なるほど！ネタ

興味関心を向けていたことを、さらに深めてくれるネタ。

持っていた知識がパワーアップされ、「なるほど！」と言いたくなる。

相手が関心を寄せていることについて、その知識をさらに深める話を【なるほど！ネタ】と言います。

とはいえ、相手がどんなことに関心があるのか、わからないときも多いでしょう。そこで、だれもが興味関心があること＝**「みんなの関心事」**にフォーカスします。

「みんなの関心事」とは、「テレビでやっているようなこと」です。スポーツ、芸能、健康、ダイエット、グルメなどの分野で新鮮な情報を提供できれば、「なるほど！ それは知らなかった！」と脳内会話を起こすことが期待できます。たとえばこんな会話です。

「最近、年のせいか、物忘れがひどくてねぇ～」

「わかります。私もです。でも、『自分は物忘れがひどい』と思うと、本当に物忘れがひどくなるって話、ご存じでしたか？」

「え!? ど、どういうこと!?」

「アメリカの心理学者が、若者と高齢者を集めて、記憶力のテストをしたんですね。試験前に『この試験は、高齢者のほうが、成績が悪くなる傾向がある』と説明したグ

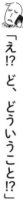

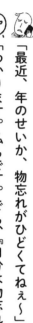

ループでは、高齢者の成績が悪くなりました。ところが、その説明をしなかったグループは、若者と同じ点数でした。『記憶力が低い』という暗示をかけたら、本当に記憶力が落ちちゃったんですよ……」

「記憶力をどう高めるか？」は、だれもが課題を感じている「みんなの関心事」です。そこに、相手の学習意欲や自信が高まるような情報を伝えれば、

「なるほど！　オレは自分の記憶力にマイナスの暗示をかけちゃってたんだね！」

という、狙った通りの反応を得られます。

「なるほど！ネタ」のいいところは、**「知って得した！」**と相手から感謝されることです。「いますぐ得する節約術」や「最速でやせる○○ダイエット」のような、**「お役立ちネタ」**もこのカテゴリーに入るでしょう。

ただし、「なるほど！ネタ」を話す際に気をつけたいことがあります。このネタは、し

ばしば、「知識のひけらかし」に見られるのです。

それを回避するため、冒頭に「私もずっと不思議でしたが……」とか「最近知ったのですが……」など、相手と目線を合わせてから話すようにしましょう。

「なるほど！ネタ」のつくり方

「なるほど！ネタ」を集めるのは、意外と大変です。というのも、**「なるほど！」を発生させるには、相手より一段上の知識を持つ必要がある**からです。

新聞やテレビ、ネットで知った情報を他人に話したとき、「あぁ、その話ね……」と言われてしまったことはありませんか。テレビやポータルサイトのニュース記事は、驚くほど多くの人がチェックしています。雑談ネタにしようと思うと、簡単に「ネタかぶり」してしまうのです。そこで、

おすすめしたい情報源は「本」です。

本は、その性格上、**【なるほど！ネタ】**の宝庫です。

なぜなら本は「みんなの関心事」でありながら、「みんなが知らないこと」が詳細に書かれたものだからです。ところが、ほとんどの人はテレビや新聞で興味を覚えても、本で情報を深掘りしようとしないのです。

本を読まない人は、マンガや雑誌でもOKです。要はマスメディアだけに情報源を限定しないよう気をつければいいのです。

本を読んでネタを拾ったら、やらなければならないことがあります。

「雑談2・0」は、自分の個性を印象づけることが目的でした。そこで、雑談ネタに、自分の体験談や自分ならではの視点……つまり**「自分テイスト」**を織り込むのです。

たとえば、『「東京DEEP案内」が選ぶ 首都圏住みたくない街』（駒草出版）という本があります。テレビや新聞で「住みたい街ランキング」が発表されることはありますが、「住みたくない街ランキング」は知らない人がほとんどでしょう。

私の友人はそこに「自分テイスト」を加えるべく、「住みたくない街ベスト10」のすべてに訪れたそうです。**「気になる場所があったら、すぐに行ってみる」**という彼の個性をプラスしたわけです。

私も『サピエンス全史』（ユヴァル・ノア・ハラリ／河出書房新社）を読んだときに、「健康オタク」である自分の視点をミックスさせて、【なるほど！ネタ】をつくりました。

「健康診断」のことが話題にあがっていたので、こんな質問をしてみました。

「痛風で足が痛くなる理由ってご存じですか？」

「なるほど！ネタ」のつくり方

本で得られた知識に、「自分テイスト」を付加する

本
（マンガ・雑誌）

＋

自分テイスト
☆体験
☆視点
☆知識

このような質問をすると、だいたい「え？」という表情をされます。

「カラダはサインを出しています。あらゆる症状は『こうしなさい！』というカラダからの命令なんです。たとえば風邪をひいたとき寒気がしますよね？　なぜでしょう？」

「カラダを温めろ……ということ？」

「正解です。高熱が出ているのに寒気がする。なんとも奇妙な現象ですが、これは、『もっとカラダを温かくしなさい』という命令ですね。ウイルスは体温が高いと増殖できないことをカラダは知っているわけです。

　では、痛風で足が痛くなるのは、いったいなんのサインでしょう？　痛風は尿酸値が高くなって起こる病気です。膀胱や尿道が痛くなるならわかりますが、なぜ足先が痛くなるのでしょうか？　私もずっと不思議だったのですが、先日『サピエンス全史』という本を読んで、その謎が解けました」

「どういうこと？」

「いまでこそ、コンクリートジャングルに住んでいる我々ですが、そのカラダは本物のジャングルでの250万年に及ぶ狩猟採集時代に対応しているんです。そこに立ち返ってみてください。尿酸値が高いのは食べすぎている。つまり食糧を〈狩りすぎている〉んです。ですから、カラダはこう言っています。

『お前は食べすぎ、狩りしすぎ。痛くて歩けないようにしておくから寝てなさい※』

つまり〝足先〟が痛くなるのは、『これ以上狩りをするな』という命令なんです」

「おもしろい！　もっと教えて！」

「メタボリックシンドロームってあるじゃないですか。あれになると、内臓脂肪からカラダに悪い

※いちおう断っておきますが、『サピエンス全史』に痛風の話は一切書いてありません。

ホルモンが分泌されて、心筋梗塞や脳梗塞のリスクが急上昇するそうです。でも、どうしてわざわざ自分のカラダを痛めつけるホルモンを出すのでしょう？」

「たしかに不思議だね。なんで？」

「これも古代にヒントがあります。内臓脂肪が溜まるほど太っているということは、狩りで獲った食べものを独占しているということですよね。しかも運動していない。つまり狩りに出かけていない証拠です。『飯を食うだけ食って働かない、非生産的な人間』ということです。

　もしその大食漢がいなければ、ほかに2人、3人と多くの人間が生きられるかもしれません。つまり、「種の存続」の観点からすれば、太りすぎている人は『人類の敵』なんです。そこで内臓脂肪が有害なホルモンを出すわけです。『やせないなら、おまえは要らねぇ』っていう指令ですね」

「怖いな（笑）……ていうか、それって本当の話なの？」

「本当かどうかはどうだっていいんですよ。信じるかどうかが大切です。だから私の話を信じて、一緒にメタボ解消に取り組みましょうよ」

ギャップ！ネタ（思っていなかった×知識あった）

ギャップ！ネタ

当たり前、常識だと思っていたこととは、「真逆」のネタ。「思っていたこと」がくつがえされ、驚きの「ギャップ！」を感じる。

我々は、だれかがつくった常識に従って生きています。その常識をひっくり返す新情報に出会うと、驚きが生まれ、「おもしろい！」という感情が芽生えます。

たとえば、**「食後、すぐに歯をみがくと虫歯になる」**と言われたら、驚きませんか？

でも、**これはマジメな話です。**

どんなに硬い包丁でも刃がこぼれるように、私たちの歯も使うたびに少しずつ摩耗します。そこで食後は唾液が大放出され、再石灰化という歯の修復作業が始まります。だから食事の直後に歯みがきをして、唾液の放出をストップさせてはいけないのです。『名医は虫歯を削らない』（小峰一雄／竹書房）という本で知りました。

この歯科医に学んだのは「常識を疑う力」です。世間では「当たり前」と思われていることに疑問を抱き、真実を追求した結果、その常識をくつがえすようなイノベーティブな発見に至ったわけです。

ビジネスで成功している起業家は、等しく「常識破壊力」を持っています。

ソフトバンクグループの孫正義社長はインターネットを普及させるため、モデム（接続機器）を無料で配り、世間を驚かせました。スマホを爆発的に普及させた「スマホ本体実質0円」の販売方法も、ソフトバンクから始まりました。

『実験思考』（幻冬舎）の著者、起業家の光本勇介さんのアイデアにも驚きました。中古品買い取りアプリ「CASH」は、売りたい品物の写真をスマホで送れば先に買い取り代金を受け取れます。旅行予約アプリ「エアトリ　Now」は、行きたいときにすぐに旅行に行けて、料金の支払いは2か月後でOKです。

どちらもユーザーからお金を回収できないリスクを負いますが、**「ユーザーを疑うことをやめればいい」**という、ありそうでなかった発想がカタチになりました。

「ギャップ！ネタ」のつくり方

常識を破る人たちのアイデアを話すだけでも、十分にネタになりますが、やはり【ギャップ！ネタ】は自分でつくりたいところです。

世の中の「常識」「当たり前」を雑談でひっくり返すのです。

そこでトライしてほしいのが**「逆の提案」**です。

だれもが疑いを抱いていない普通の順番、「A↓B」を探し、それを逆の「B↓A」にひっくり返します。すると「逆もアリだね！」という発見につながることがあります。

たとえば、私が

「飲んだ後に、ラーメンを食べちゃうの、なんとかしたいんだよね～」

と言うと、あるデザイナーから

「飲む前にラーメンを食べておく、つまり昼食をラーメンにすると、回避できますよ」

と、「逆の提案」をされました。

じつは、彼も「シメのラーメン」を食べてしまうことに悩んでいたそうです。そこで発想を変え、昼食にラーメンを食べれば飲んだ後の「ラーメン欲」が減少するのではないかと考えたのです。実際にやってみて効果が確認できたため、同じ悩みを抱えていた私に提案してきたわけです。

「逆の提案」を考え始めると、自分の身の回りにある「当たり前」を疑う力＝**「常識懐疑力」**が養われます。

広告業界には「常識懐疑力」に長けた人が多いように思います。先日も、あるコピーライターの先輩から、こんな「逆の提案」がありました。

「みんな駅のトイレで用を足したあとに手を洗うでしょ？　あれ、逆じゃやね？」

一瞬、なにを言っているのかと思いました。しかし、よくよく話を聞けば、かなり説得力のあるものでした。駅のトイレに入る際、その人の手は、先ほどまで電車のつり革や手すりなど、細菌だらけの場所に触れています。その不潔さは、トイレの便座を上回ることが実

「ギャップ！ネタ」のつくり方

通常の順番の「逆」を提案する

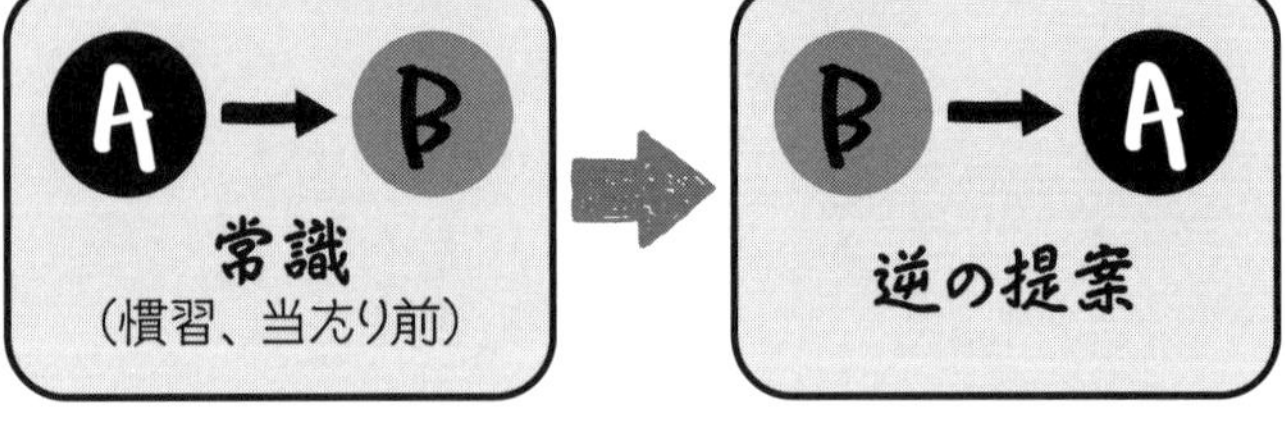

際に計測されています。

「それらを触った手で、男子の『もっとも大切なところ』に触れていいのか？」

という問いかけには、納得せざるを得ませんでした。

（用を足したあとに手を洗わないのは、それはそれで大問題ですが）

私も、いろいろな「逆」を想像するのが好きです。

◉「汁なしそば（油そば）」の流行を見て、「そばなし汁」は成立するのか？
◉男だらけの牛丼店を見て、将来的に、「牛丼女子」は誕生するのか？
◉「打ち上げ」は、プロジェクトの終わりではなく、初めにやったほうがいいのでは？

私は幼いころ、**日本人の「食事作法」を一変させる「逆の提案」**を思いつきました。**伝統的な配膳（ごはんが左、味噌汁が右）が「逆」ではないか？**と主張したのです。「こぼしやすい味噌汁が、取りにくい右側にあるのはおかしい」と親に歯向かいました。

しかし両親は「逆の提案」を却下しました。ごはんを右側に置いたら、それを取る際に左側の味噌汁に手をひっかける。だからこれで良いのだと。

令和の時代を迎え、ここに改めて「逆の提案」を発表します。**「右と左」ではなく、「手前と奥」を逆にするのです。**

それを示したのが次ページの図です。

新しい案では、ごはんと味噌汁をどちらも左側にポジショニングします。これなら手はクロスしません。また、おかずを右手前に置くことで食べやすさが倍増します。「箸でつまんだおかずを、口に運ぶ途中、直下の味噌汁にドボンしてしまう」という大惨事も起こり得ません。

「ニッポンの、配膳が変わる」

私は食文化をひっくり返すほどの大発明に鼻息を荒くしました。しかしその夢は儚《はかな》くも

おかず
ごはん
みそ汁
左手で右側にある
みそ汁が取りにくい
▼
こぼす
伝統的な配膳

おかず
みそ汁
ごはん
ご飯をとりにいくときに、
みそ汁に手が引っかかる
▼
こぼす
逆の提案①
(左右逆)

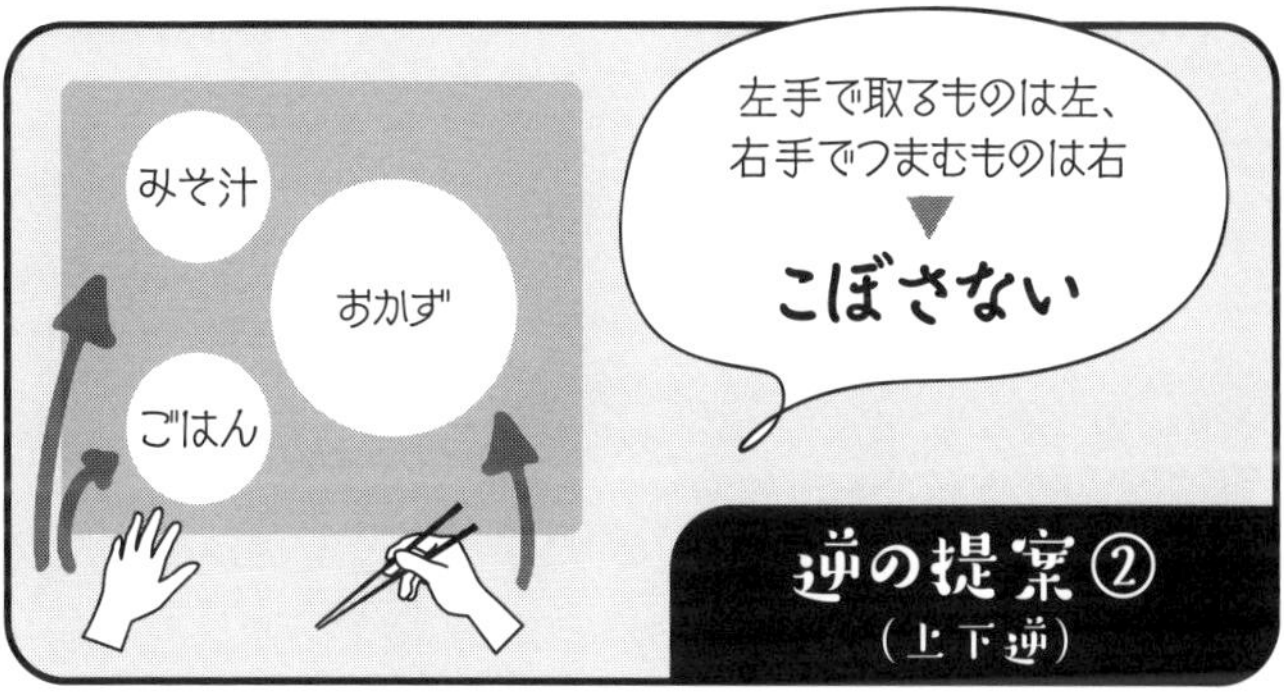
みそ汁
おかず
ごはん
左手で取るものは左、
右手でつまむものは右
▼
こぼさない
逆の提案②
(上下逆)

崩れ去りました。ネットで衝撃的な記事を見つけたからです。

味噌汁の配膳　東西で違い　商人気質　ルール変える

東京では右手前（ご飯の右隣）に置くことが多いが、大阪では左奥（ご飯の上）に配膳されていたのだ。（中略）

ではなぜ関西では変わったのか。

「関西人の商人気質がマナーを崩したのかもしれない」

と話すのは近畿大の冨田圭子准教授（食育）。

「関西の飲食店はメーンの主菜のボリューム感を競いがち。主菜は手前に置くと見栄えが良い。おいしく見せようという商人的考えを反映している」※

関西人の合理的思考、まことに恐るべしです。

※味噌汁の配膳 東西で違い　商人気質 ルール変える（もっと関西）
https://www.nikkei.com/nkd/company/article/?DisplayType=1&ng=DGXMZO35014150V00C18A9AA2P00&scode=2705&ba=9

すっきり！ネタ（思っていた×知識なかった）

すっきり！ネタ

関心はあるのだが、曖昧だったことを、整理してくれるネタ。
ぼんやりしていたことが、まとまって、「すっきり！」を感じる。

情報が溢れるこの時代、なにより求められるのは「わかりやすい整理」です。
（最近、よく耳にする言葉だけど、意味を知らない……）
そんな曖昧になっていることを明快に解説するのが池上彰さんです。

「知っておきたい〇〇、これが新常識！」「いまさら聞けない、〇〇のキホン！」……

このようなテレビ番組が始まると、ついつい見入ってしまいます。

以前ある番組で、ビットコインなどに使われている「ブロックチェーン」が説明されていました。ＩＴの専門家が丁寧に解説したのですが、くわしく説明しすぎたのか、かえってわからなくなりました。そこで金融分野に明るいコメンテーターが、大変わかりやすい補足説明をしました。

「ブロックチェーンというのは、お金の取引をみんなで監視する仕組みです。たとえば銀行振り込みをすると、振り込んだ事実を記録しているのは銀行だけなので、銀行のシステム障害が起きたら引き出しができません。しかし、ブロックチェーンは全世界でお金の流れを監視しているので、いつでも取引した事実を照会することができるんです」

（なんとなくわかるけど、イメージがぼんやりしている……）

『そそるマーケティング』では、それを**「情報が断片化している状態」**と言います。そんなときに、**「あれは、要は○○ですね」**と「わかりやすい説明」がインプットされると、脳内でバラバラに存在していた情報が、磁石に吸い寄せられるように1つにまとまり、「すっきり！」という脳内会話が生まれるのです。

「すっきり！ネタ」のつくり方

【すっきり！ネタ】をつくるには、情報を**「抽象化」**する必要があります。さまざまな事象を見て共通点を抜き出し、1つ上の概念に「一言」でまとめます。「言語化」といいかえてもいいでしょう。

「抽象化」は人間だけが持つ非常に高度な能力と言われています。実際、「この人、アタマいいなぁ……」と思わせる人は、「抽象化」が得意な人ばかりです。

つまり、もし【すっきり！ネタ】で、断片化した相手の知識をまとめることができたら……「この人は抽象化力がある有能な人だ」というイメージを与えることができるのです。

抽象化する対象は、政治や経済、ＩＴといった難しいジャンルである必要はありません。ふだんの生活で「だれもが、ぼんやりと思っているけど、よくわかっていないこと」を抽象化すればＯＫです。

たとえば、上司が**「うちの部って、まわりから見てどうなんだろうねぇ？」**と、社内での評判を気にしていたとします。

そこで、周囲の人が言っていたいろいろなセリフを思い出します。

「緊急対応ありがとう！」（事象）

「守備範囲が広いねぇ！」（事象）

「小さい案件でごめんね！」（事象）

それらをまとめて、一言にします。

「周囲の評判を聞くに、うちの部は、よくも悪く

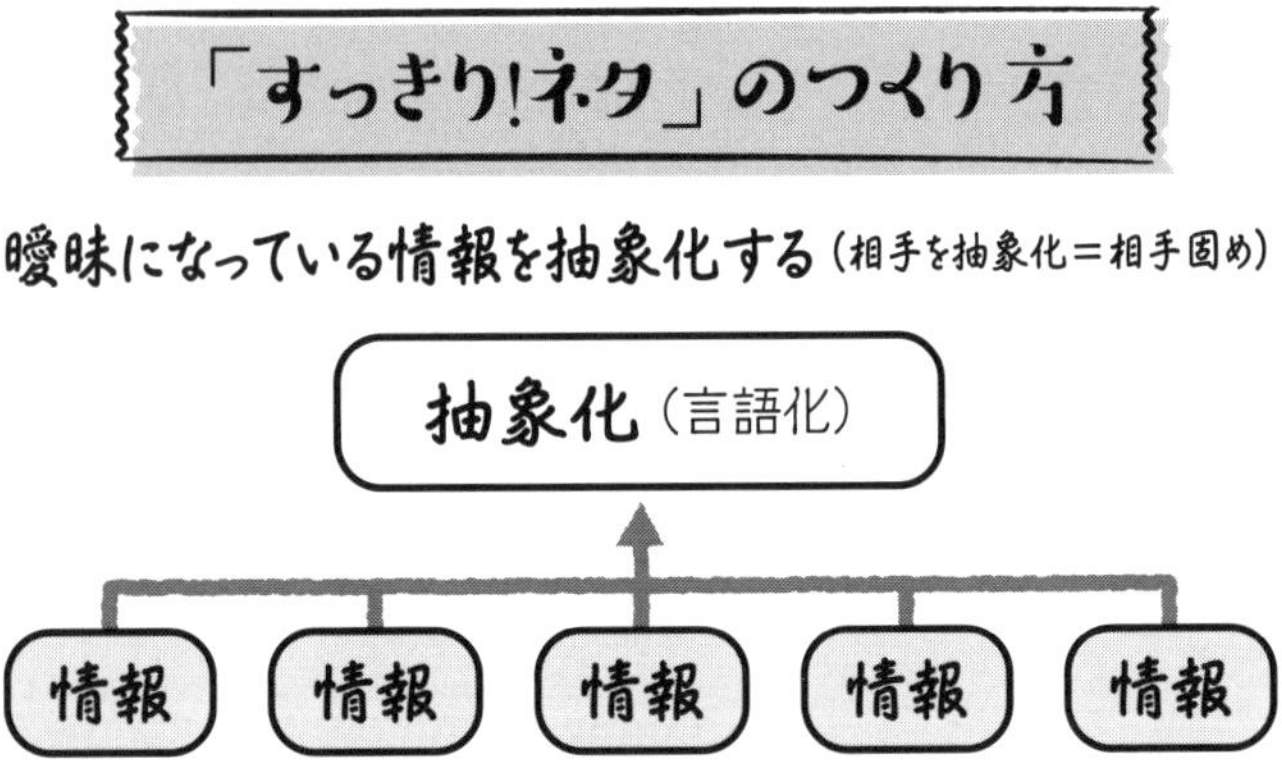

も〈便利屋〉ですね」（抽象化）

「〈便利屋〉かぁ〜。たしかにそうだ！　ウマいこと言うねぇ！」

もやもやとしていた社内での立ち位置が、「便利屋」という一言で明確になり「すっきり！」するわけです。

ところで、**「世の中のほとんどの人が、強く関心を抱いているのに、知識が断片化していること」**があります。なんだか、おわかりですか？

ヒントです。

◉いままで何度も抽象化を試みましたが、失敗しました。
◉日々、絶え間なく新しい情報が入ってきて、知識の断片化が止まりません。
◉あなたに、一番身近なことです。

本を置いて10秒考えてください。……はい、正解に行きます。

そうです。**「自分自身」**です。人は自分のことが一番わかっていません。自分を抽象化することが一番苦手なのです。自らを客観視することがいかに大変なのかは、「自分探し」や「自己啓発系」の本が売れていることからもわかります。

そこでオススメのネタとして、相手がわかっていない「自己イメージ」を固める**「相手固め」**というメソッドをご紹介します。やり方は簡単です。相手の「長所、性格、強み」などのプラスの側面を抽象化して「一言」にまとめ、

「あなたって、●●●●●●ですね！」

と、相手にプレゼントするのです。
ここでオススメのワードは、**「●●力《りょく》」**です。
たとえば、こんな感じで使います。

「いや、昨日の会議は、欠席して本当に良かった。先輩の、『危機察知力』にまた助けられました」

「今回はスゴイ売上になりましたね。先輩の『予算探知力』って、どこで習得されたんですか？」

「相手固め」をやると、多くの人が自分を客観視できていないことに驚くでしょう。饒舌《じょうぜつ》な人が、自分を「無口な人間」だと思っていたり、活発な人が、「内気な性格」で悩んでいたりと、信じられない反応が得られることがあります。

「相手固め」のフレーズをもう1つお伝えしましょう。

「●●といえば〜」の型で、その人を、その道の第一人者にしてしまうのです。

「プレゼンといえば山田さんですね！ こんなわかりやすいプレゼンみたことないです！」

「相手固め」のいいところは、相手をプラスの方向に動かすことです。この一言で、自分のプレゼンに不安を抱いていた山田さんが、自信を持つようになり、「業界屈指のプレゼンテーター」に成長することがあるのです。

（自分がわからない。だれかに決めてほしい……）

そんな心理をよくわかっているのが占い師です。

「あなたは周囲からは○○と思われがちだけれども、じつは××ですね」

断定形で、その人の長所を規定する。まさに「相手固め」をやっているのです。

このパワーは強力で、ときに**相手の将来を変えるほどの影響力**を発揮します。

以前お世話になっていた先輩はある日、路上の占い師に手相を見てもらいました。そこで「**あなたの性格は、どう考えても社長に向いている**」と告げられました。先輩が、会社を辞めたのはその1年後。いまでは業績好調な会社を経営しています。

へぇ〜！ネタ（思っていなかった×知識なかった）

へぇ〜！ネタ

まったく意識していなかった、新しい世界を見せてくれるネタ。
「知的好奇心」が刺激され、「へぇ〜！」と興奮してしまう。

いま、経営者の間で「アート」がちょっとしたブームになっているといいます。凄まじいスピードで変化する昨今のビジネスシーンでは「予測不可能」なことが多発します。経営者たちは、「いつもの課題をいつもの思考で突破する難しさ」を感じているのかもしれ

ません。数字や論理では解決できない経営のセンスを、まだ見たことのない「アート」の世界を通じて磨きたいということなのでしょう。

まだ見たことがないものを見たい

最近の脳科学は、これらの感情が私たちにもともと備わっている本能的な欲求であることを解き明かしています。

たとえば、私たちは新しいものに触れたくて旅行に出かけます。脳は旅行を大歓迎します。旅行の計画を立てているときからドーパミンやセロトニンが出て、幸福感を抱くことがわかっています。

また、移動するだけで脳の一部が活性化され、記憶力などの脳の機能が向上することも判明しています。

クリエイターの高城剛さんは、**「アイデアの量は移動距離に比例する」**とも言っています。

それにしても、なぜ旅行や移動がわれわれに活力をもたらすのでしょう。

私は人類の歴史250万年の長きに及ぶ「狩猟採集時代」にそのヒントがあるような気がしてなりません。

私たち人類の祖先はアフリカ大陸に生まれ、そこから何万年もかけて北へ移り、世界中に散らばりました。なぜ、温暖で食料が豊富なアフリカ大陸を捨て、寒さ厳しい北の地へ移ったのでしょう。諸説あるそうですが、私は「マンネリ化」が理由だと考えています。

いつもの狩り、いつもの獲物、どこまで行っても同じ風景。彼らは、平和だけどなにひとつ変わらない毎日に、いい加減「飽き」を感じていたのではないでしょうか。

そんな彼らのもとに、ある日「うわさ」が転がりこんできます。

「あの海の向こうに見える大地は、絶世の美女だらけらしい」

「北の国には、脂がのった巨大な鹿がわんさかいるらしい」

「海のなかには、象より大きい魚が泳いでいるらしい」

わくわくしてくる気持ちを抑えられなかった者は徒党を組み、ある日アフリカを離れる決心をします。ボートをつくり、分厚い毛皮を身にまとい、極寒の地へ旅立ったのです。

……と、ここまでは私の想像です。しかし間違いなく言えることは、われわれは、この冒険心と好奇心を抑えられなかった、「新しもの好き」の子孫だということです。

彼らは、まだ見ぬ新たな世界に飛び込んで、積極的に新しい知識を吸収したからこそ、新たな食料にありついて生き延びてきたのです。

新しい「なにか」に出会って感動したい。これは、われわれの遺伝子に刻み込まれた本能です。その欲求を満足させるのが【へぇ〜！ネタ】というわけです。

「へぇ〜！ネタ」のつくり方

ほとんどの雑談本では「共通の話題」を探すことがなにより大切だと説いています。しかし、相手が見たことも聞いたこともない、まったく知らない事実にこそ「へぇ〜！」と驚かせるおもしろさがあるのです。

では、そんな「新鮮さ」を感じてもらえるネタはどこにあるのでしょうか？　芸能人でもない、われわれの毎日はおそらく平凡です。かといって、今から絵画教室に通うのもしんどいですし、お金もかかりそうです。

ご安心ください。**だれもが「へぇ〜！」と言いたくなるネタは、あなたの職業や趣味に潜んでいます。**

「自分の職場ではふつうなことを、他人に話したらすごく驚かれた」という経験はありませんか。「自社の常識」「業界の常識」は、「世間の非常識」なのです。

また、あなたが週末に没頭している趣味は、周りからすれば「マニアックネタ」の宝庫です。「当たり前」にやっていることが、端《はた》から見れば斬新に見えるのです。

ただし、ここで注意しておきたいことがあります。第1章で説明したように、人が「聞く価値がある」と感じるのは「自分ゴト」だけでした。「へぇ～！」と言いたくなるような情報であっても、そこに「自分もやってみたくなる」とか、「毎日の生活に応用できそう」など、なんらかの「自分ゴト化」できる要素が欲しいところです。

つまり、職業や趣味などのマニアックな話を、相手

「へぇ～！ネタ」のつくり方

趣味や職業のマニアックな話を相手に合わせて一般化する

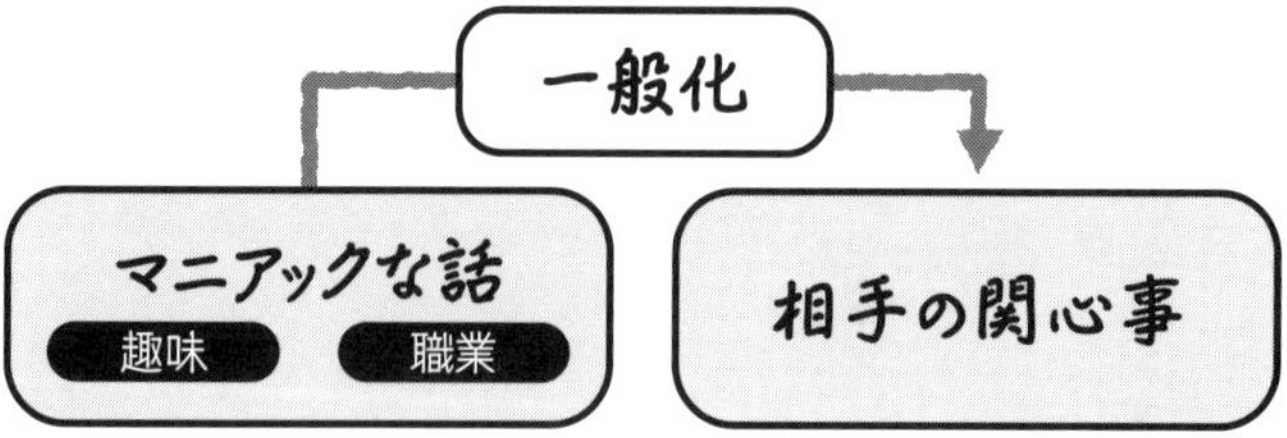

が共感できる話に転換する＝**「一般化」**のプロセスが必要になるのです。

たとえば、私は「趣味」を聞かれたら「ドラムを叩くこと」と答えることがあります。

せっかくですから、ドラムについて相手が知らない深い知識、つまり**【へぇ〜！ネタ】**を提供したいのですが、マニアック過ぎて「自分ゴト」と感じてもらえないかもしれません。

そこで「一般化」します。こんな感じです。

「ご趣味はなんですか？」

「下手《へた》の横好《よこず》きなのですが、ドラムを叩くことです。ときどきライブハウスのジャムセッションに参加したりしています」

「へぇ〜、ドラムですか。どうりでいい体型をされていらっしゃる。大きい音を出すには、かなりのパワーが必要でしょう」

「いいえ、そんなことはありません。プロのドラマーを見るとチカラいっぱい叩いているように見えますが、あれは全部パフォーマンスなんです。初心者はあれを真似

するのですごく汚い音になってしまいます。
太鼓やシンバルは、振動することで鳴り響きます。そのポテンシャルを引き出すため、スティックが打面に触れるのは軽く、ほんの一瞬のほうがいいんです。もう〈ポンッ〉って感じですね」

「へぇ〜！　そうだったんですね。知りませんでした」

「これって会社での『部下や後輩の指導』と一緒だと思うんです。長時間説教しても、やらされ感が出るだけ。やる気を起こす言葉を〈ポンッ〉と一言だけ投げかける。そのほうが本人のパフォーマンスを引き出せると思いませんか？」

私は外食チェーンのコンサルもしており、調査の一

環で、競合各社の「食べ歩き」をやっています。

そこでいつも驚かされるのは、各社の秀逸な味付けです。

(なぜ、この塩加減にしているのだろう?)

あるハンバーガーチェーンの人気メニューであるフライドポテト。私はその「塩加減」が気になっていました。各社に比べて、ほんの少しだけ塩気が足りない気がしていたのです。

ところがある日、私の後ろの席でポテトを食べていた高校生が漏らした、ある一言で、その謎が解けました。


「ここのポテト、食べ始めると、止まらないよね」

そのフライドポテトは**「一本食べると、次の一本に手を伸ばしたくなる塩加減」**にチューニングされていたのです。私は「なるほど! だから薄めにしてるのか!」と感動しました。この話を、他人に話したところ、

「わかります！　あのうす塩、絶妙ですよね。気づいたら完食してるんですよ！」

と、激しく同意していただきました。

それにしても、この微妙な「塩梅《あんばい》」を、いったいどうやって決めているのでしょう。外食や食品メーカーにお勤めの方ならおわかりだと思います。彼らは入念な「ブラインドテスト」をしているのです。

ブラインドテストとは、商品の名前を隠して消費者に「どちらがおいしいか」を判断してもらう比較実験です。これを何度も繰り返し、もっとも多くの人が評価する味に微調整します。

食品業界では当たり前にやっているブラインドテストですが、これをプライベートで実践してはいかがでしょうか。

「突然ですけど、ポテトチップスはお好きですか？」

「好きですね〜。よく食べますよ」※

※「好きじゃない」と言われた場合の「分岐」も考えておきます。

「私もです。この間、友人たちと家で飲んでいたのですが、全員ポテトチップスはのり塩、しかもA社に限ると言うんです」

「ははは（笑）、私ものり塩が一番です」

「しかし本当にA社のほうがおいしいのか気になりまして、コンビニでA社とB社ののり塩味を買ってきて、ブラインドテストしてみました。テスト前はA社のファンが多かったのですが……なんと結果はB社の圧勝でした」

「へぇ～おもしろい！」

「ブラインドテスト、ご家庭でやってみるとおもしろいですよ。ワインの値段を当てたり、ビールの銘柄を当てたり……旦那さんが普段飲んでいるものより安いほうがおいしいと判定したら、家計の節約にもなりますしね」

「それはいい！　帰りに、安いワイン買って早速やってみます（笑）」

コラム

サザエさんは、なぜ怒る？

景気が悪くなると、「サザエさん」の視聴率が良くなる。

という話をご存じですか？　ある経済学者によれば、その背景に「**景気が悪くなる↓日曜の夜に家族で外食をしなくなる↓家でサザエさんを見る**」といった「負の連鎖反応」があるのではと推測されています。

「サザエさん」はだれとでも話せる「国民共通の話題」です。私もよくおしゃべりのネタにします。

「『サザエさん』を見ていて、まったく納得がいかないことがあるんです！」

「なによ？　いきなり（笑）、言ってみ？」

「勤め帰りの波平さんとマスオさんが、駅前でばったり会うんですね。『あ、おとうさん』『マスオくんか、どうだね？ 軽く一杯』『いいですねぇ！』みたいな感じで、一対一《さし》で飲みに行くんです」

「いつものパターンね（笑）」

「はしご酒になってしまい、２人は帰宅が遅くなります。忍び足でそっと家に入るのですが……それをサザエさんに見つかって『コラーー!!』と激怒されます」

「あるある（笑）」

「不思議なのは、なぜ、サザエさんはあんなに怒っているのかです。そんなに悪いことをしたように思えないんですが……どう思いますか？」

この質問は、いろいろな人にしているのですが、答えはさまざまです。

「そりゃ電話の一本を入れるのがマナーだろ。ご飯を用意しているんだから」

「家計が苦しいのに、ムダ金使ってんじゃねぇ！ ってことだよ」

「家事に縛られている身からすれば、羽根を伸ばせる自由さが腹立つんだろうね」

「サザエさんは、2人の身を心配していたんだよ。愛があるから怒るのよ」

「逆にウチは、早く帰ると激怒されるわ（笑）」

おもしろいのが、回答にみなさんの家族観やライフスタイルがにじみ出ることです。

「サザエさん」には「このシーンで感動してほしい！」「ここが笑いのポイント！」などの「強制」や「お約束」がありません。受け止め方は、見る人に委ねられています。

だからこそ老若男女が楽しめる国民的アニメなのかもしれませんね。

第5章

雑談で「ブランディング」

~結局、自分に正直な人がうまくいく

雑談は「自分の感性」のシェアである

「赤ちゃんは、自分で免疫をつくっているんだって！」

赤ちゃんって、なんでもすぐに口に入れたがるじゃない？　あれって、いろいろなものに付着している菌をカラダに取り入れて、免疫力を高めているんだって。

実際に0歳から1歳までの間に、飼い犬と触れ合っていた子どもは、将来アレルギーになりにくいらしいよ。ちょっと汚いものに触れていたほうが丈夫に育つのかもね」

（ギャップ！ネタ）

「投資の成績は、薬指の長さで決まるんだって！」

薬指の長さは、胎児のときにどれだけ多くのテストステロン（男性ホルモン）を浴びたかを示しているんだって。薬指の長い株式トレーダーは、危険を顧みず大きく投資する傾

向にあり、年収も普通の人たちより10倍も高いことがわかったんだって」
（へぇ〜！ネタ）

雑談の基本は「おもしろい！」のシェアです。思わず他人に話したくなることがあったら、前章の「ネタマトリクス」を見てください。４つの領域のどこかの要素を含んでいるはずです。

それもそのはず、その話を「おもしろい！」と思った……つまり自分のなかで「発火」が起き、「脳内会話」が生まれたからこそ、シェアしようと考えたのです。

雑談ネタが豊富な人は「おもしろい！」と思った瞬間を忘れません。いつか他人に話そうと考えているからです。忘れないように「ネタ帳」にメモしている人

もいます。

（おもしろい話？　そんなの滅多に起きないよ？）

そう思う人もいるでしょう。たしかに、だれもがおもしろいと感じる話は、そう多くないかもしれません。しかし、「おもしろい！」の一歩手前の**「気づき」**は、毎日大量に感じているはずです。

「気づき」とは、心が動く瞬間のこと。雑談の達人は「不思議な感じ」を覚えたら、その事象を記憶しているのです。

（気づき？　それも滅多にないよ？）

そう思った方は、だまされたと思って1日だけでも「気づき」を記録してみてください。何らかの「違和感」や、ちょっとした「刺激」を感じたらメモします。たった1日でも驚くほどの「気づき」を感じているはず。それが後に、ほかの「気づき」と合わさって、「おもしろい話」になることがあります。

実際に、「気づき」から「おもしろい話」をつくってみましょう。

たったいま、私はファミリーレストランでこの本の原稿を執筆中です。私の背後で、男の子がお父さんに怒られています。

「なんで、言うことを聞かないんだ！」

それを聞いて、以前、看護師の友人が「男の子は、とくに言うことをきかない」と不満をもらしていたのを思い出しました。

本当に男の子のほうが、聞き分けが悪いのか、ネットで調べてみました。すると、その事実は確認できなかったのですが、**スティーブ・ジョブズやマーク・ザッカーバーグなどのIT起業家は、子どものころ「素直でない」「協調性がない」、つまり「まわりの言うことを聞かない」性格だった**ことがわかりました。

さらに、ルクセンブルク大学の研究では、3000人の子どもたちの40年後の、職業的成果・年収を追跡調査したところ、「幼少期に反抗的だった子ほど、将来高収入になりやすい」ことが判明しました。

われわれは、親や教師に従順な子どもほど、偏差値の高い学校に入り、高収入な仕事につくと考えがちです。しかし、いまや「聞き分けの悪い子」がイノベーションを起こし、ヒーローになる。そんな時代になったのかもしれません。

近い将来、国の教育方針が180度変わり、世界に通用する「言うことをきかない人材」を育成する方向に向かうかもしれません。あと5年もすれば、

「なんでお父さんの言うことを聞くんだ！　すぐ人に従うんじゃありません！」

と、子どもの叱り方が変化していても、不思議ではないのです。男の子の育児で悩んでいる人には、ちょっと「おもしろい話」になったのではないでしょうか。

「収集」→「加工」→「発信」を繰り返せ

「おもしろい話」をつくるステップを整理しましょう。

◉収集

「おもしろい！」と思った瞬間は必ず覚えておきましょう。あるいは「変だな……」「普

通じゃないな……」という「気づき」があったら、そう感じた理由を考えます。ネタ帳をつくってメモをしておいてもいいでしょう。

◉加工

集めた「気づき」は、そのまま「おもしろい話」になることもあれば、ほかの「気づき」と合わさって、おもしろくなる場合もあります。**「ネタマトリクス」（155ページ）**を見ながら、おもしろさのツボを分析します。ネタができたら、**「5秒」ルール**で「ツカミ」と「ナカミ」に切り分けておきます。

◉発信

相手が**「Pモード」**のときを狙って発信します。その際、**「モヤモヤ→スッキリ」ルール**に従い、相手に、「なんで？」「知りたい！」と思わせるように、話しましょう。

おもしろいと思ったら雑談ネタにする

収集

☆「おもしろい!!」と
思った瞬間や「気づき」を
記憶（記録）しておく

加工

☆ネタマトリクスで
おもしろさを分析
☆雑談の「5秒ルール」
（ツカミとナカミに分離）

発信

☆Pモードに向かって話す
☆「モヤモヤ→スッキリ」ルール
（相手の脳内に
「?」をつくる話し方）

ネタ帳は「オンライン」につくる

ある営業マンは、同僚が話したエピソードに大笑いした後、すぐにスマホを取り出してその内容をボイスメモに入れていました。いざというときのために「すべらない話」を集めているのだそうです。

私もこの本の執筆にあたり、「気づき」を収集しました。**街を歩いているときにアイデアを思いついたら、スマホの「Google ドキュメント」アプリを起動し、文章を声で入力します。**以前は紙にメモしていたのですが、「メモ帳をカバンから取り出すほんの数秒でアイデアが消えてしまった」という悔しい思いをしたため、それ以来、この方法でやっています。

ある後輩は、私が行きつけのラーメン店の話をしたら、すぐにスマホを取り出し、店の名前をせっせと打ちこみ始めました。「紹介した店をすぐにメモするなんて、なんて気持ちのいいヤツなんだろう」と思いました。ところでどんなアプリにメモしたのかを聞くと、驚いたことに、

「『〇〇って店、行きたい』と、ツイッターでつぶやきました」

と言うのです。これには膝を叩きました。

手帳やメモ帳アプリに書きとめても、それはただの備忘録。しかしツイッターなどのソーシャルネットワーキングサービス（SNS）に上げておけば、それを

見たフォロワーから、**「わたしも、そこ行きたい！」**と、同行希望者が現れるかもしれません。

これが情報発信の力です。「この映画、ぜったい観る！」とSNSで予告すれば「タダ券あるからあげるよ」とお得な返信がきたり、「『ゆうじ』の焼肉、最高だった！」と感動をつぶやけば、「店主を知ってるから、今度はスペシャルコースで行こうよ」と、思わぬ常連ルートが見つかったりします。

これは**「オンラインネタ帳」**※と言ってもいいでしょう。「オンラインネタ帳」はもっと凄いリアクションを生むことがあります。

ベストセラー『学びを結果に変えるアウトプット大全』（サンクチュアリ出版）の著者、樺沢紫苑《かばさわしおん》先生も、最初に本を出したきっかけは自分のＷＥＢサイトでの情報発信でした。カレー好きな先生が、北海道でカレー食べ歩きの記録を上げていたらサイトが人気化し、「本にしませんか」と出版社からオファーを受けたそうです。

※くれぐれも業務上の秘密をあげてしまわないようにご注意ください

SNSの出現により、「リアル」な場で交わされていた雑談と「オンライン」の会話が融合する、**「雑談のハイブリッド化」**が起きたといえます。

たとえばおもしろい話があれば、それをSNSに上げておきます。すると、それを見た人からリアルな場で声をかけられるかもしれません。

「この間アップしていた話おもしろいですね！　くわしく教えてください！」

SNSのいいところは、時間や場所の制約を受けずに発信できるところです。なかなか会えない人、ゆるくつながっているだけの人……だれとでも雑談することが可能になりました。

雑談にはその人の「志向性」が表れる

自分の雑談を客観視すると、おもしろいことがわかってきます。雑談の話題が不思議と「ネタマトリクス」のどこかの領域に偏るのです。

それは、雑談をする際の「口グセ」にも表れます。

「いいこと教えてあげようか」……みんなの関心事を広げる↓（なるほど！ネタ）
「逆にいうとね」……意外な事実で驚かせる↓（ギャップ！ネタ）
「要するにね」……わかりやすい説明をする↓（すっきり！ネタ）
「この間、凄いことがあってさ」……新しい世界を共有する↓（へぇ〜！ネタ）

ちなみに私は【すっきり！ネタ】タイプです。自分が話すときは、なにかおもしろい「一言」にまとめないと気が済みません。1日に100回くらいは「要するに」という言葉を使っている気がします。

雑談には、「その人が普段どんなことに興味関心があるのか」「どんな風に周囲を楽しませたいのか」という「志向性」が色濃く表れるのです。

雑談の「キャラマトリクス」

あなたのまわりに、こんな人はいませんか?

◉コンビニのフードにやたらくわしい「コンビニグルメキャラ」
◉宴会の店の予約や、余興企画の相談に乗ってくれる「宴会マスターキャラ」
◉社内のゴシップネタにやたらくわしい「芸能レポーターキャラ」

「キャラ」とは、**その人の得意分野や志向性について周囲が抱いているイメージ**です。ある特定の分野で「おもしろい!」と言われる雑談を続けていると、周囲にその人の志向性

雑談のキャラマトリクス

が知れ渡り「キャラ」が生まれます。

キャラが浸透してくると、「あの人からなら、おもしろい話が聞けるかも」と、周囲の期待が高まっていきます。その人は期待に応えたくなり、ますますその分野のことを追求します。

こうやってキャラは成長し**「キャラ立ち」**していきます「ネタマトリクス」の4領域のどこかに特化して、おもしろい雑談を続けた場合、どんなキャラに育っていくのでしょうか。それぞれの特徴を「キャラマトリクス」（前ページ参照）に整理してみました。

コンサルタントキャラ
「なるほど!ネタ」領域

みんなが抱えている課題を、ズバッと解決する人たちです。

メンタリストのＤａｉＧｏさんは、勉強法、ダイエット法、モテる方法など……だれもが知りたいテーマを幅広く取り上げ、斬新な解決策を提案しています。

『人生がときめく片づけの魔法』（サンマーク出版）の著者、「こんまり」こと近藤麻理恵さんも「部屋の整理整頓」という万人に共通する悩みを、まさに魔法のようなメソッドで解決し、米ＴＩＭＥ誌の「世界で最も影響力のある１００人」に選ばれました。

このキャラは、組織にいたら出世するタイプでしょう。周囲が抱えている問題を先回りして解決する「他者貢献度」が高い人だからです。

イノベーターキャラ
「ギャップ！ネタ」領域

従来の習慣や常識にとらわれず、新しいアイデアを提案する人です。いつも斬新な意見で周囲を驚かせる堀江貴文さんや、ひろゆき（西村博之）さんは、典型的な「イノベーターキャラ」と言えるでしょう。

このキャラは、その言動や行動から「非常識な人」と思われがちです。しかし「壊したほうがよい常識に気づく」という点で、じつは常識をもっとも理解している人たちなのかもしれません。

日本人には、このキャラが少ない印象があります。ビジネスの世界では「日本からはイノベーションが生まれない」のが定説です。脳科学者の中野信子さんによれば、日本人の多くが、「挑戦しない遺伝子」を持っているのだとか。※「イノベーターキャラ」はいま一番期待されているキャラと言っていいでしょう。

ティーチャーキャラ
「すっきり！ネタ」領域

オリエンタルラジオの中田敦彦さんの「中田敦彦のYouTube大学」が人気です。最近流行りの「学び直し」をしたい大人にウケているようです。「日本史・世界史」「世界情勢」「名著の概要」など、「だれもが知りたいけど、曖昧になっていること」を、ホワイトボー

※「日本人は遺伝的に挑戦が苦手」脳科学でわかる国民性を中野信子氏が解説
https://logmi.jp/business/articles/152044

ドを使って明快に解説してくれます。

情報があふれる現代において、難しいことを易しく説明してくれる「ティーチャーキャラ」は、ますます重宝されていくでしょう。

【アーティストキャラ 「へぇ〜！ネタ」領域】

みうらじゅんさんは、いつも変なものをマイブームにしています。

●他人からもらったら、「いや」になる「おみやげ」＝「いやげもの」
●一日に一本しかバスが来ない、過疎地の「時刻表」＝「地獄表」
●水道修理業者からもらう、冷蔵庫に貼れるマグネット＝「冷マ」

みうらさんのスゴいところは、どうしてそれにハマっているのか理由がさっぱりわからないところです。我々が想像できる範囲を超えているからこそ、おもしろいのかもしれません。

「芸術」「教育」「ビジネス」という3つの側面から新しいことを提案し続ける落合陽一さんも、いまの時代にフィットした「アーティストキャラ」と言えるでしょう。テクノロジーとアートを融合させ、「だれも見たことがないもの」を次々に生み出しています。

彼らの特長は、周囲の目を気にせず、「おもしろい！」と感じたことをどんどん深掘りしていけるところです。「ハマる力」が強い人といえるでしょう。

自分の「キャラ」をコントロールする

「キャラマトリクス」の4つのキャラは、どれも極端な例です。ここまで「キャラ立ち」している人は少ないでしょう。

ここで質問があります。4つのキャラのなかで、**強《し》いて言うなら、自分はどのキャラだと思いますか？** マトリクスを見ながら考えてみてください。

次に、友人にこのマトリクスを見せて、友人から見て**「自分はどのキャラに近いと思うか？」**聞いてみてください。

「自覚しているキャラ」と「周囲の人から見たキャラ」がズレている人は珍しくありません。まるっきり違う人もいるでしょう。それほど、自分を客観視することは難しいのです。

雑談の達人は、自分のキャラを正確に把握しています。キャラに沿って雑談をしているので、キャラが望ましい方向に浸透していくのです。

じつはみなさんも、すでにこれをやっています。ほとんどの人は、少なくとも3つ以上の「コミュニティ」と向き合っています。たとえば「取引先・職場・友人グループ」という具合です。そこでのキャラが、「すべて同一」という人はまずいません。話す内容や話し方を変えて、それぞれに「最適化」を図っているはずです。

他人からの見え方＝「キャラ」はコントロールできます。われわれは性格を変えることはできませんが、

雑談がうまくなりたければ、まずは、**「キャラ決め」**をすることです。それぞれのコミュニティで、自分がどういうキャラを担っているのかを客観的に把握し、それをどう育てたいか決めるのです。

「キャラ決め」をすると、すぐにメリットを実感することでしょう。一番大きな変化は、「インプットの量が劇的に増大する」ことです。キャラを決めた瞬間から、欲しかった情報がどんどん入るようになるのです。

たとえば、「文房具」がとても好きな人がいます。時折、お気に入りの文房具を他人にお勧めしては喜ばれています。

そこで、いっそのこと

「私は、『文房具ソムリエ』になる！」

と、キャラを決めてしまいます。

すると、街中の文房具売り場がそれまで以上に目に入り、お店に立ち寄る回数も急増します。他人が使っている文房具にも、いままでにも増して注意が向くようになります。

そのうち、**「使っている文具から、その人の性格をあてる、文房具性格診断」**ができるようになるかもしれません。

「キャラ決め」したことで、本当にだれよりも文房具に詳しい人になるのです。

このような現象を、心理学では**「カラーバス効果」**と言います。「赤いものを探すぞ」と心に決めてから、いつもの通勤路を歩くと、普段は気に留めない「赤い看板」が目に入ってくるようになります。

先にアウトプットしたいことを決めると、それに沿った情報が自然に集まってくるというわけです。

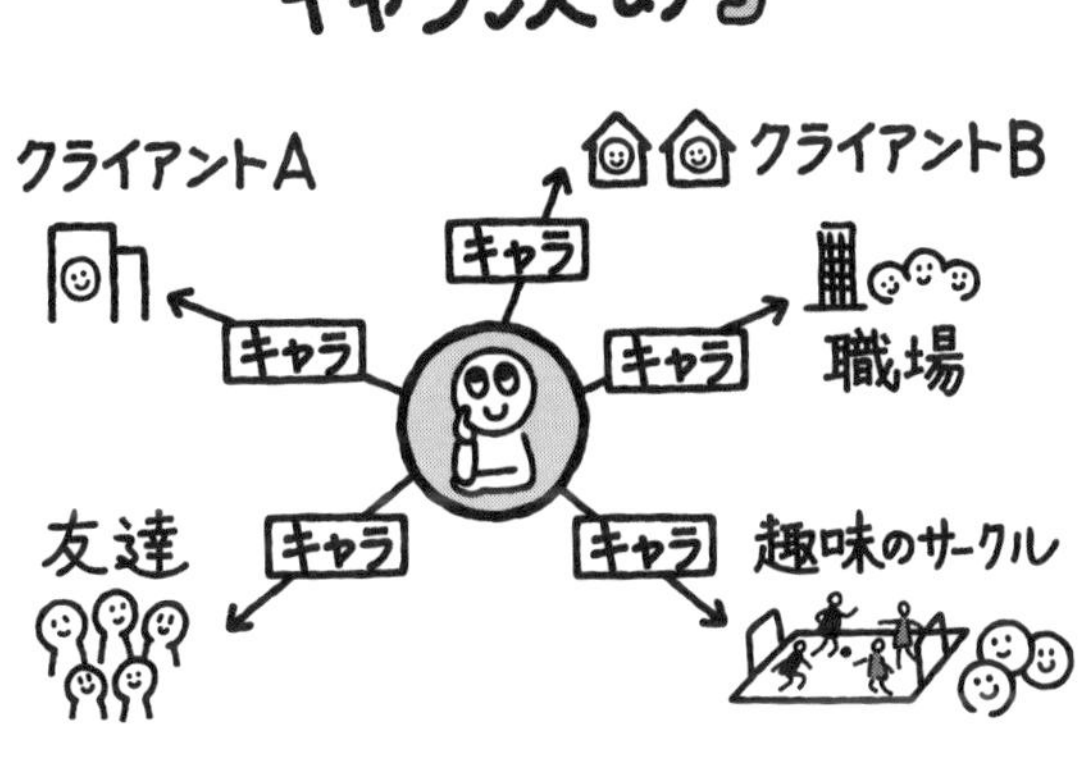

アカウントは「キャラ」ごとにつくりなさい

キャラは1つに絞る必要はありません。あなたが相対するコミュニティの数だけキャラがあってOKです。というより、それぞれ「キャラ」をきちんと決めておくべきです。

たとえば、友人の間では、「スマートツッコミの名手」として知れ渡っていても、会社では、「温厚な天然ボケキャラ」かも知れませんし、クライアントの前では、ITに詳しい「ティーチャーキャラ」で通っているかもしれません。

それぞれのキャラを定義しておかないと、うっかりクライアントに向かって、**「あれ？　この間と、ずいぶん話が変わっていませんか？　高低差ありすぎて、耳キーンってなりましたよ」**と「スマートツッコミ」を入れてしまうような事故も起こりかねません。

雑談の達人はキャラを徹底的に管理しています。自分の言動、行動、SNSでのつぶやき、通っているお店、あらゆる情報の受発信が、「キャラづくり」につながっていることを自覚しているのです。

たとえば、私の友人のカメラマンは3つのインスタグラムのアカウントを持っています。投稿する写真は、それぞれまったく違うそうです。

ビジネスアカウント：風景写真の作品集。完成度の高い写真
家族・友達アカウント：旅行の記録、グルメ写真、子どもの成長記録など
オンラインネタ帳アカウント：気になったもの。雑談ネタ。創作活動のヒントなど

これらを1つのアカウントで発信すると、この人は、「風景写真の専門家」なのか、「子煩悩なパパ」なのか、まるっきりわからなくなります。せっかくの仕事の依頼を逃してしまうかもしれません。そこでアカウントを分けて、きっちりと「キャラ」をコントロールしているのです。

SNSの「イイね！」に支配されちゃう人たち

昨今のSNSは、雑談と切り離せない関係になっています。とくに、自分のキャラを広く浸透させる点で、これほど便利なツールはないでしょう。

しかし一方で、その弊害にも注意する必要があります。昨今、「スマホ依存症」が社会問題になっていますが、その原因の1つに、SNSの**「イイね！」機能**があるのではないかと言われています。

自分の投稿に対する高い評価（イイね！）は、だれもが持つ**承認欲求**を満たします。脳科学では、他人からの「イイね！」を見た瞬間、脳内で大量のドーパミンが放出されることも計測されており、それはお酒やたばこに匹敵するほどの快感をもたらすそうです。

私自身、SNSに投稿することがありますが、「イイね！」やコメントの数がとても気になります。リアクションが多かった時は、ニヤニヤが止まりません。

SNSがおもしろいのは、投稿する前に、どれだけの「イイね！」がつくのか、見当がつかないところです。ニューヨーク大学のアダム・オルター教授によれば、この**「予測不可能性」**が人を夢中にさせているのだといいます。※

ある社会学者は、「イイね！」は、大衆の意識や行動をも変えてしまう影響力を持つと主張しています。どういうことかというと、みんなからの高評価（イイね！）が欲しいあまり、**「一般的に評価されやすいこと」をするようになる**というのです。その結果、「自分が率直にどう感じたのか？」を忘れ、周囲の人と同質化・均質化していきます。

SNSの本当の弊害は、目が悪くなったり不眠症になったりすることではありません。世間からの評価を重視するばかりに、**自分の感情や考え方そのものが「イイね！」に支配されてしまう**ことです。

※『僕らはそれに抵抗できない「依存症ビジネス」のつくられかた』（アダム・オルター／ダイヤモンド社）

あなたのまわりに、たとえばこんな行動をしている人はいませんか?

◉アウトドアが嫌いなのに、我慢してバーベキューに行く

◉ぜんぜん親しくない友人を結婚式に呼んで豪華に見せる

◉突然「プラスチック製品」を目の敵にして、ディスり始める

こういった行動が表れたら危険信号です。「イイね!病」への罹患《りかん》を疑ったほうがいいでしょう。

自分の「イイね!」とともにあらんことを

「マツコの知らない世界」というテレビ番組を観たことはありますか?

ある分野のスペシャリストがマニアックな世界を紹介する、まさに【へぇ~!ネタ】の塊《かたまり》のような番組です。

「板橋チャーハンの世界」の回では、中華料理店の昔ながらの「しっとりチャーハン」が解説されていました。私はチャーハンを「板橋周辺」、しかも「しっとり系」に限定するというエッジの立った企画にいたく感心しました。同時に、あまりにもおいしそうな映像に魅せられ、実際に、それらのお店を訪ねて回りました。

すると、チャーハンの魅力に「ドはまり」してしまい、その日から番組で紹介された店はもちろん、都内のチャーハンの名店を食べ歩く、「一大チャーハンマイブーム」が勃発しました。

その結果、

◉チャーハンの具は、「チャーシュー」よりも「ハム」が最高説
◉付け添えは、紅ショウガに限る説
◉糖質制限中に、炭水化物を食べ続けたときの、内臓脂肪の増え方は異常説

といった、数多くの「○○説（雑談ネタ）」を収集することができました。

さらに、チャーハンの食べ歩きをするうちに**「絶滅寸前の町中華」**にも関心が向くようになりました。

東京都内には、店主が高齢化してしまい、数年以内に閉店が危惧される老舗の中華料理店が数多く存在します。それらの店が醸し出す昭和レトロな雰囲気にすっかり魅了され、食べ歩きの範囲を大幅に拡大することにしました。

すると今度は、「町中華」がある商店街に必ずと言っていいほど見つかる**「老舗の焼肉店」**が気になり始めました。ネットにはほとんど情報がない、小規模なお店です。客入りも少なく、出されるお肉の質もはっきり言って「普通」です。しかしお店の雰囲気が妙に懐かしくて、何時間でも居たくなるのです。

そういったお店を探しているうちに、これらのお店には絶対につぶれて欲しくないという思いを抱くようになりました。

そこで私は、これらのお店に**「町焼肉」**という称号をつけ、焼肉に行くときはできる限りそういうお店に行って「食べ支える」ことを推進する**「町焼肉保全活動」**をスタートすることにしました。ぜひみなさんにも、活動に参加していただきたいので、ここで「町焼肉」を定義しておきます。

「町焼肉とは？」（町焼肉保全委員会　会長　本間立平）

- ●レビューサイトの評価が低い。もしくは載ってすらいない。
- ●完全家族経営である。
- ●炭火よりも、ガスロースター。
- ●ウンチクはいらない。カルビとロースがあればいい。
- ●基本はタレ味で。塩味はタン塩のみ。
- ●器にこだわらない。ステンレスもしくはシンプルな白い皿。

◉安い。昨今の焼肉ブームにのって、調子こいて値上げしていない。

最近は、人に会うたびに「こんな町焼肉を知りませんか？」と聞きまわっています。それだけでも、盛り上がる雑談ネタになっています。

板橋しっとりチャーハン　↓　絶滅危惧種の町中華　↓　町焼肉の保全活動

湧き起こった興味関心に、一切のブレーキをかけずに行動する。私はこれを

「フォースの導くまま行動」※

と呼んでいます。直観（＝フォース）を信じて突き進めば、そこには、必ず「ハッピーエンド」が待っているのです。

といっても、お姫様が助かるとか、地球に平和が戻るとかではありません。単に雑談ネ

※フォースは映画『スター・ウォーズ』に出てくるジェダイの騎士やシスの暗黒卿が操るエネルギーのこと。

タをたくさんゲットできるという意味です。ネタがたまることに幸せを感じるのは私だけでしょうか？

人生は有限です。ムダなことをやっている時間はありません。しかし他人の評価を気にするあまり、やることなすこと「万人受け」になってしまうのはつまらない話です。アップルの創業者、スティーブ・ジョブズは**「他人の人生を生きてはならない」**という名言を残しました。

それは「自分の心の底から湧き上がる衝動」を抑制しないこと、つまり**「自分のなかのイイね！」に敏感になること**だと私は解釈しています。

少しでも自分が「イイね！」と思ったら、試してみる、読んでみる、行ってみる、会ってみる……やりたいと思ったことは、全部やってみる。バカバカしくて、だれもやらないことなら、なおさらやってみる。もちろん、なんの成果も得られないこともあるでしょう。しかしその失敗談は、話し手のオリジナリティに富んだ、極上の「雑談2・0ネタ」になるはずです。

「脱・普通（Beyond Normal）」のススメ

ここまで読み進んだみなさんは、もしかするとこんな感想を抱いているかもしれません。

（でも、やっぱり「雑談2・0」って変だよね……）

（悪役になれとか、ウソをつけとか、相手を固めろとか……）

（どうも見ても普通じゃないよね……）

その通りです。「雑談2・0」を極めるほどに、何らかの **「奇特性」** や **「変態性」** を帯びてくるということは否めません。しかし、そのような印象を与えるのは、仕方のないことかもしれません。というのも、 **「雑談2・0」は相手のなかに「脳内会話を発生させる」**

ことが大前提だからです。

万人が知っていることを、万人と同じように伝えても、相手の脳内に「おもしろい！」という発火は起きません。沈黙を埋める「場つなぎ」以上の効果は期待できないでしょう。

もう一度、「雑談2・0」の目的を確認しましょう。**「あなたの印象を残すこと」**でしたね。無難な会話に終始していては、「無害な人」「感じのいい人」にはなれても、その他大勢の「ワンオブゼム」として、忘れ去られてしまいます。

SNSが浸透し、「普通＝Normal」に向かわせる力が強まっているように感じます。そのようななか、我々は自分の「持ち味」を守る必要があるのではないでしょうか。私ならば、ちょっと変に見られても、普通化の波に逆らって「個性」が目立ちすぎるくらいの**「普通超え＝Beyond Normal」**を目指します。

狭い島国に育ってきたわれわれ日本人は「村八分」を恐れてきました。一旦「変な人」と思われてハブ（八分）られてしまったら、ずっとみじめな気持ちで生きていくしかありません。

「うっかり変なことを話して、変な人に思われたくない」そんな弱気なマインドセットが、私たちから雑談をする勇気を奪っているのではないでしょうか。


たとえば、みなさんは、自分の「趣味」の話を職場ですることはありますか？　これもアンケートを取ってみました。

約6割の人が、職場では趣味を「話すことはない」ようです。

申し上げた通り、「趣味」の話には、だれもが斬新さを感じる、【へぇ～！ネタ】が埋もれています。相手の関心事に合わせて「一般化」する手順を加え、

Q　あなたは、自分の「趣味」の話を職場の人に話すことはありますか？

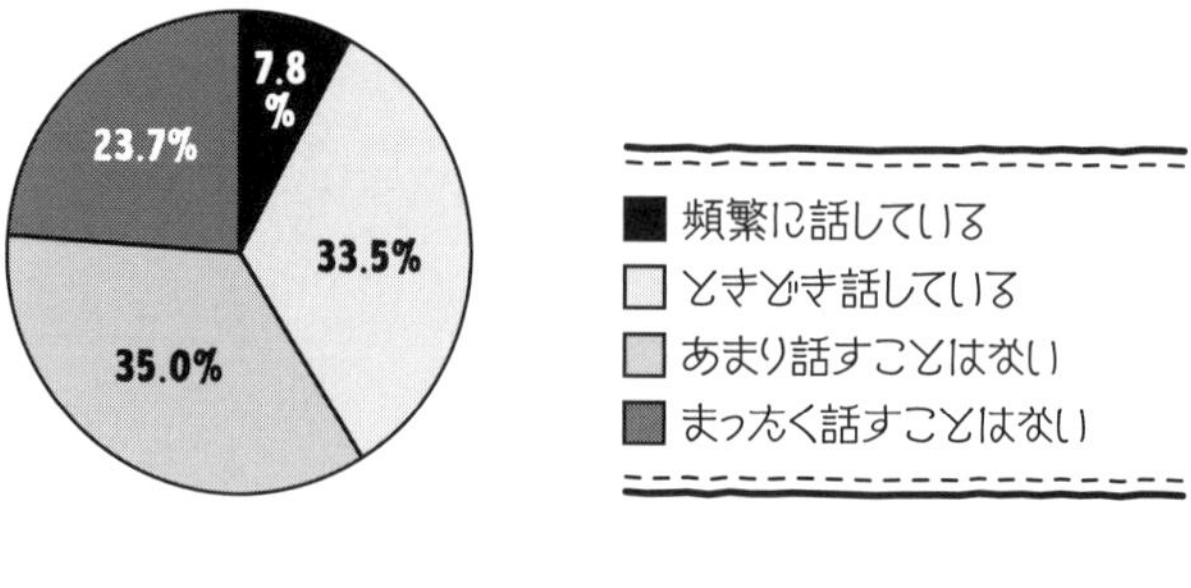

出典　20～60代男女　397名
（2019年インターネット調査：著者調べ）

「先日、ＡＫＢ48の握手会に行ったのですが、あれはビジネスヒントの塊ですね」

と伝えたら、おもしろい話になると思いませんか？

人畜無害さを重んずるあまり、**「本当はおもしろいあなた」**が押し殺されているなら、もったいないことです。

無理に変態を目指そうということではありません。自分の「イイね！」に従い、どんどん「おもしろい！」をシェアしていけばいいのです。

いずれ、**「ちょっと変わってるけど、おもしろい人」**として認知されていくことでしょう。

雑談のハッピーサイクル

「雑談2・0」は自分の「イイね！」からスタートします。

インプットとアウトプットを繰り返しながら、「周囲も自分もおもしろい！」という好循環をつくります。

◉行動

周囲に惑わされることなく、自分が「おもしろい！」と思ったことを追求する。

◉雑談

それを、「雑談ネタ」にして、「いまだ！」というタイミングで周囲に発信。

◉自信

会話が弾む。人とつながる。それが嬉しくて、また「おもしろい！」を探し始める。

このパターンを繰り返すうち、「おもしろい人（ちょっと普通じゃないけど……）」としてのイメージが周囲に広がることでしょう。

私自身、まだまだ修行中ではありますが、こんな雑談のサイクルを回しながら毎日をダラダラと楽しく過ごしています。

最後まで、悪文におつきあいいただき、ありがとうございました。

いつの日か、みなさんと、「おもしろい話」ができることを願って。

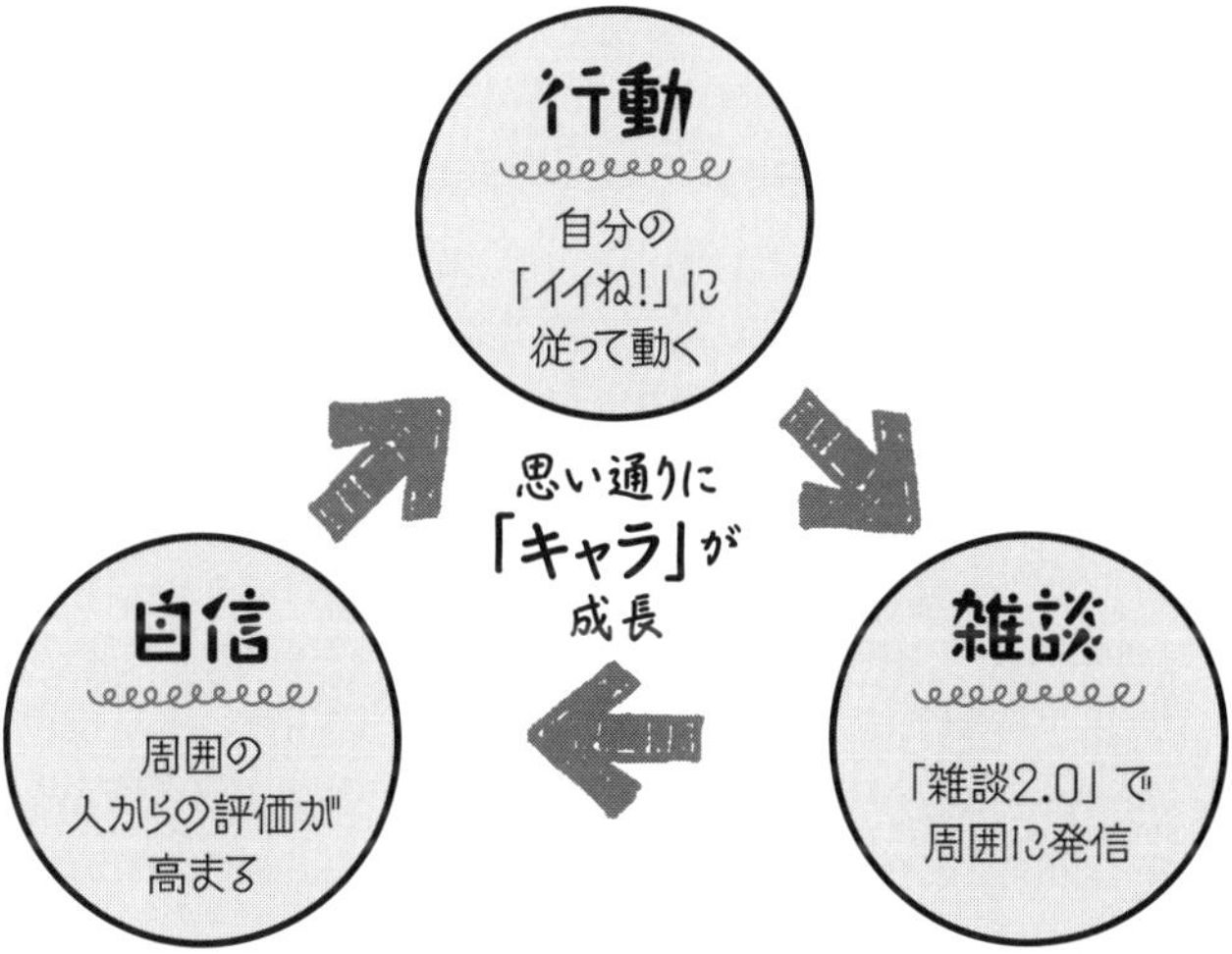

おわりに

なぜ、仕事がデキる人ほど、「くだらない話」をしているのか？

それが、本書が生まれるきっかけになった、最大の「謎」でした。だれとでもすぐに仲良くなれる人は「クスっと笑える」「ジワジワ来る」「どうでもいいけど、ちょっと気になる」……いってみれば、くだらない話をしています。

先日、友人たちと飲んでいたときに、「職場に嫌いな人はいるか？」という話題になりました。全員が口をそろえたのは、

「嫌いな人はいないが、『いけ好かない人』はいる」

ということです。「いけ好かない」は、「嫌い」ほどではないけど、「どうも気にくわない」「いい感じがしない」といったニュアンスがあると思います。

職場が大きければ、「顔は知っているが、ほとんど会話したことがない同僚」が沢山いるでしょう。そういう人に対して、印象やうわさ話などで「なんだか自分と合わなそう」

と思うことは、少なくないのかもしれません。

「でも、話してみると、じつはいいヤツだったりするよね」

「そうそう、会話するって大事。だってオレ、はじめはお前のこと、いけ好かなかったもん（笑）」

毎日通う職場です。だれかのことを「いけ好かない」と思いたくないし、思われたくもありません。どうすればいいのでしょうか。

私はデキる人がやっている「くだらない話」に、そのヒントがあると思いました。「くだらない話」には、その人の「人となり」がにじみ出るからです。

「明日から、健康診断にむけて、『検診ダイエット』を始めるんです。毎年、検診前の1か月が一番健康体なんですよ（笑）」

いままで話したことがない人の「くだらない話」が、2人の間にあった「いけ好かないバリア」を一気に壊す。私はそんな経験を何度もしてきました。

ときどき、親しい人と談笑しながらこんなことを考えます。

（そういえば、この人とは、いつからこんなフレンドリーな関係になったんだっけ？）

打ち解けたから、「くだらない話」を始めたのか？

「くだらない話」をしたから、打ち解けたのか？

これは「ニワトリ・タマゴ」の関係かもしれません。

いずれにせよ、自分か相手かのどちらかが、どこかで「くだらない話」を持ち出していなければ、友好的な関係になることはなかったでしょう。

みなさんには本書を通じて、私のキャラが否《いや》が応《おう》でも伝わったのではないでしょうか。

しかし残念ながら、私はみなさんのことをまったく知りません。

だから1つだけ質問をさせてください。

「目玉焼きになにをかけますか？　醤油？　ソース？　塩コショウ？」

本間立平

著者プロフィール

本間立平

（ほんま・たつへい）


ショッパー・サイコロジスト。マーケティングプランナー。

ショッパー・マーケティングで用いられる「観察」の技術を用いて、1,000名以上の、「雑談の達人」の会話力を解析。「人を惹きつける会話」の秘訣を解明し、だれでも、スムーズに雑談ができる方法を開発した。

心理学、脳科学、行動経済学の理論を用いたマーケティングメソッドを会話術に応用。人が情報取得する際のメカニズム「P／Aモード」や、「ストックとニュースの脳内会話」をベースに、人が「おもしろい！」と思う理由を科学的に解明する。

広告・販促領域では、「買物心理学」をベースにした「買わせるメソッド」を活用し、クライアントに「爆売り」を提供している。「SNS活用マーケティング」「モノ・コト消費からネタ消費へ」「売れるコミュニケーションの伝え方」をテーマに、企業・自治体・大学を対象にした講演多数。著書に『買いたい空気のつくり方』（電通S.P.A.T. チーム著、ダイヤモンド社）『電通さん、タイヤ売りたいので雪降らせてよ。』（大和書房）がある。

武器になる雑談力
どんな人とも会話が弾む「おもしろい話」のつくり方

2020年7月10日　第1刷発行

［著者］　本間立平
［発行者］　櫻井秀勲
［発行所］　きずな出版
東京都新宿区白銀町1-13
〒162-0816
電話03-3260-0391
振替00160-2-633551
https://www.kizuna-pub.jp
［印刷・製本］　モリモト印刷

ISBN978-4-86663-106-6